捨てる贅沢

モノを減らすと、心はもっと豊かになる

ドミニック・ローホー
原秋子 訳

GENTOSHA

L'éloge de la Légèreté
Dominique Loreau

捨てる贅沢〜目次

郵 便 は が き

料金受取人払郵便

代々木局承認

6948

差出有効期間
2020年11月9日
まで

1 5 1 8 7 9 0

203

東京都渋谷区千駄ヶ谷 4 - 9 - 7

（株）幻冬舎

書籍編集部宛

1518790203

ご住所 〒

都・道
府・県

フリガナ
お名前

メール

インターネットでも回答を受け付けております
http://www.gentosha.co.jp/e/

裏面のご感想を広告等、書籍の PR に使わせていただく場合がございます。

幻冬舎より、著者に関する新しいお知らせ・小社および関連会社、広告主からのご案内を送付することがあります。不要の場合は右の欄にレ印をご記入ください。

不要 □

本書をお買い上げいただき、誠にありがとうございました。
質問にお答えいただけたら幸いです。

◎ご購入いただいた本のタイトルをご記入ください。

『　　　　　　　　　　　　　　　　　　　　　　　　　　』

★著者へのメッセージ、または本書のご感想をお書きください。

●本書をお求めになった動機は？

①著者が好きだから　②タイトルにひかれて　③テーマにひかれて
④カバーにひかれて　⑤帯のコピーにひかれて　⑥新聞で見て
⑦インターネットで知って　⑧売れてるから／話題だから
⑨役に立ちそうだから

生年月日　西暦　　年　　月　　日（　　歳）男・女				
ご職業	①学生	②教員・研究職	③公務員	④農林漁業
	⑤専門・技術職	⑥自由業	⑦自営業	⑧会社役員
	⑨会社員	⑩専業主夫・主婦	⑪パート・アルバイト	
	⑫無職	⑬その他（　　　　　）		

このハガキは差出有効期間を過ぎても料金受取人払でお送りいただけます。

ご記入いただきました個人情報については、許可なく他の目的で使用することはありません。ご協力ありがとうございました。

多く持つことは健康に害を及ぼす

第2章 「不安」が身軽になることを阻む

お金を失うという不安

空虚感に対する不安

他人の視線を気にする不安

変化することへの不安

思い出の品を失うと後悔するかもという不安

第3章　「決断する」という技

決断とは習得するもの

決断を鈍らせるブレーキ

優柔不断な人たちのために

売る？ 寄付する？ 捨てる？

自らのK点越えを恐れない

第4章　本物のシンプルライフとは

溜め込み癖が招く危険

モノを処分することがもたらしてくれるもの

人生の捉え方が変わる

序文

三界は客舎の如く、人命は朝露に似たり
好時は常に失ひ易く、正法亦遇ひ難し

良寛

シンプルに生きることは、今日では実に多くの人たちが切に願う生き方となっています。

昨今のミニマリズムの人気は、特に大都市に住む人たちの多くに見られる「増え続けるモノを何としても減らさなければいけない」といった切羽詰まった願望を裏付けています。

でも、問題は、いくら要らないモノを処分しなければ、という気持ちがあっても、その意気込みにブレーキがかかってしまうことではないでしょうか。誰もが「自分の持ち物を処分なんてできない」と思うからです。

自分の持ち物に別れを告げて処分するのは確かに難しいことかもしれません。それは、まず、後悔、損失、無駄遣い、誤った決断、もったいない、といったこころの痛みを伴う負の感情をもたらします。また、自分の持ち物を完全に処分することは、金銭的な損失、変化、小さな死を意味します。その決断は、できることなら避けたいと誰もが思うわけです。

私はどうしてこんなモノを購入したのだろう？　どうしてこれをずっと取っておいたのか？　何が私にそうさせたのか？　このように、モノを処分するためには自分の持ち物と向き合うことを余儀なくされます。手間と時間も取られます。そして何よりも自分自身と向き合うことになるのです。

実際にモノを処分することはそれほど難しくも複雑でもありません。捨てる、ただそれだけのこと。しかし、それを達成するためにはまずは頭の中で決断しなければなりません。次に捨てるためのメカニズムを理解し、その次に動機を喚起し、最後に捨て得た時の達成感を予想するのです。

私は、モノを捨てるまでには次に挙げる4段階のステップを踏まなければいけないと考えています。

1・モノを持ちすぎることが異常、不自然、さらに心身のバランスを崩しかねないほど危険と認識する。

2・特定のモノとの別れを阻む様々な〝不安〟、これを乗り越え、これに打ち勝つためにこの〝不安〟そのものを理解する。

3・自分が必要とするモノを正確に把握する。そのためには、良い判断を下せるように訓練を積み、物事の〝中庸〟を見つけられるようにする。

4・厳選した少ないモノで生活する快適さを知ることで、捨てる動機付けにさらに弾みをつける。

今の生活をよりシンプルにしたいと願いつつも、ある特定の持ち物に限ってはどうしても手放すことのできない人たちにとって、この本が少しでもお役に立てば幸いです。

第1章

身軽に生きる

自分の所有物の多さに気付く

昔は、誰もが「ミニマリスト」でした

多くの日本人は、西洋人はやたらにかすやおりのたまった人種だと思っているのかもしれない。（中略）装飾をいっさい排したその部屋の完璧さが私を打ちのめし、私を拒否する。（中略）この部屋の装飾には——食事においてもそうだが——、非物質性のようなものがあって、執拗にこう繰り返している。小さくなりなさい、空気を傷つけてはいけません、そのけばけばしい色のジャンパーで私たちの目を傷つけないでください、そんなにうろうろしてはいけません、私たちが八百年もかけてつくりあげてきたこのいくらか貧血ぎみの完璧さを汚さないでください……。

スイスの写真家、作家　ニコラ・ブーヴィエ『日本の原像を求めて』高橋啓訳　草思社

50年ほど前の雑誌をパラパラとめくってみても、1950年代の映画を観ても、モノが溢れんばかりにごちゃごちゃとしている場面を見ることはないでしょう。当時の人たちは「普通」に暮らし、必要なモノを所有しながらも「過剰」には持っていませんでした。彼らは心地よい、それでいて妥当な豊かさの中で暮らしていたのです。

それ以前の時代になりますと、庶民の持ち物はもっと少ない。もちろんどの国、どの時代、どの文化においても有り余る富に埋もれて暮らす金持ちは必ずいましたが、一般的な庶民は簡素な生活を余儀なくされていたのです。

例えば、一般的な日本人は着物を2、3着しか持っておらず、それをいつも清潔に保ち、こざっぱりと着こなしていました。住まいも簡素で、転居が多く、一生を通じて同じ場所に住むことは少なかったようでした。西洋では、一般的に庶民の服装は週日に着る服と日曜日に着る晴れ着とに分けられていました。世界中どこへ行っても、畑仕事をする人、家畜を育てる人が今よりも多く見られました。また、農家の作物で料理をし、服は自分で縫い、仕事道具は自ら調達し、鍋や食器類は村の市場で購入していたのです。当時、まだ百貨店は存在していませんでした。

私たちはなぜこれほどモノを多く持つようになったのでしょうか？

昔は、価格は外的要因によって定められていました。一般的に商品は手作りで、その場で売られていましたから、数にも限りがあり、今に比べると値段も高くついていたのです。今から100年前には「ミニマリスト」であるのが当り前、なぜならば必需品でさえも調達するのが難しかったからです。何を持つべきか？　ではなく、必要とするモノを持つことのみが求められていた時代でした。

今日ではショッピングセンターに行くだけで、どんな欲求でも取り敢《あ》えずは満足させることができるでしょう。大量生産とグローバリゼーションが商品の低価格化を可能にしたため、どのようなモノでも簡単に手に入れることができるようになったのです。

もちろん、このような生活は大変便利なので、誰も後戻りはしたくないと考えるでしょう。しかし、息が詰まりそうになるほどの過剰なモノは、今日の文明の真の問題となりつつあるのです。もし私たちが自発的に消費を制限するなどの対応策を取らなければ、しまいに私たちはモノの過剰消費の渦に巻き込まれてしまうことでしょう。

買ってしまった商品を持て余すのです

中流階級が裕福になり、金持ちの習慣を取り入れるようになりました。1950年頃、フランスのスーパーマーケットではおおよそ3000種類の商品を扱っていました。1990年頃にはその10倍、そして今日では、もしネット販売の商品を加えたら、恐らく計算できないくらいにその数は膨らむでしょう。

1960～1970年頃から、市場がアパレル、インテリア商品、電化製品などの分野で爆発的に多くの新製品を打ち出しました。フランスの俳優ジャック・タチ主演の「ぼくの伯父さん」という映画を覚えていますか？　映画の中では新品、真《ま》っ新《さら》でぴかぴか光るモノが富の象徴とされていましたね。当時の人たちは一斉に消費に走りました。なぜならば、商品がどんな人にも手の届く価格になっていたのと、経済発展のおかげで家計も潤ってきていたからです。

今日では信じられないほどの量、そして質の良い商品を3分の1の価格で買うことができるようになっています。中にはとても美しいモノも（骨董品《こっとうひん》、ネット販売の中古品等）。

そういうわけで私たちは見境なく、分別なく消費します。そして……買ってしまった商品を「持て余す」のです。さらに一昔前まで、ご先祖様は遺族に所有地とお金のみを残していったものですが、今日ではモノが一杯詰まった家を残していくようになりました。

その結果、家の中は荷物で満杯状態、そしてモノはモノで、信じられないほどのスピードで増えていくのです。収納グッズを増やして対処しようと試みても、それも真の解決策とはならず、これらのモノを取っておくべきか？　それとも、もったいないけれども捨てるべきか？　と心理的な葛藤に苛《さいな》まれるのです。

足るを知る者は富む

バブルの崩壊、裕福になるチャンスの減少、より流動的ですっきりした生活への憧《あこが》れ、インターネットの普及……。今日ではすべてにおいて変化が起きています。にもかかわらず、私たちはモノに侵略され続けています。なぜでしょう？

ミニマリストの新しい世代が芽生えつつあります。掃除、片付け、モノや思い出の蓄積等から生まれる義務にうんざりし、より自由で広い空間を夢見る世代です。そのために職業や昇給を犠牲にすることさえも厭《いと》わない世代です。

今、私たちの文化は再検討を余儀なくされているのです。

「私たちに本当に足りないモノは何？」

「本当は何を必要としているの？」

「どのように時間を使いたいの？」

「一体何が本当の意味で重要なの？」

少ないモノで生きることは今では選択肢の一つとなり、昔のように宿命的なものではなくなりました。しかし、今のままではいけない、何かをしなくてはいけない、と私たちは漠然と感じています。でも何をしたら良いのでしょうか？

一家庭で30万個のモノを所有する時代

人間の所有欲！　我々は欲望を抱かずにはいられませんが、それでこそ偉大になり、死に至るのです。欲望！　欲望こそが、我々を支え、苦しめ、日々戦場に送り出します。（中略）しかし、絶えず欲望を持ちつづけるのは、あまりにも過酷……。

フランスの小説家　ミュリエル・バルベリ『優雅なハリネズミ』河村真紀子訳　早川書房

2014年のロサンゼルス・タイムズの記事によると、アメリカの家庭は当時約30万個のモノを所有していたそうです。この数はとてつもなく多いように見えますが、数えてみるとモノの総量はあっという間にそのくらいになってしまうものです。

モノは捨てるよりも天井裏や地下室に押し込む、もしくはレンタルボックスを借りてそこに収納するほうが遥《はる》かに簡単です。多くの人にとって自分の持ち物を処分することはまだまだ難しいようです。

私たちはどれだけ過剰にモノを持っているのかを十分に実感していないのです。私たちの感覚も「あなたはモノを持ちすぎです」と知らせてくれる手段を持ち合わせていません。でも食べすぎで胃が苦しいのと同じように私たちの感覚も苦しんでいるのです。

では少し距離をおいて考えてみましょう。全く、またはほとんど使用していない、山積みのモノを持ち続けているということ、これは普通によくあることでしょうか？　理に適《かな》っていますか？　違いますね？　では、それにもかかわらず、どうして私たちはこれらを持ち続けているのでしょう？　この山積するモノは私たちの生活においてどのような役割を演じているのでしょう？　これらのモノが小さな独裁者のように振る舞い、実は私たちを苦しめていることに私たちは気付いているでしょうか？

その点、アップルのスティーブ・ジョブズは、この問題をしっかり理解していました。彼は過剰で複雑なモノが嫌いでした。iPhone上にはボタンが一つだけ、そして世界は私たちの手の内に収まってしまったのです。彼のおかげでiPhone利用者の多くが、カメラ、CDプレーヤー、腕時計、地図、辞書、手帳、目覚まし時計、紙の本（まだまだあります）の使用を止《や》めました。でもそれまで使っていたこれらの製品は一体どうしたらいいのでしょう。

モノを多く持つことの苦しみ

元々人間は捨てるのが嫌いでした

前の家では、買い物が（無価値な）娯楽、ベッドタウンからとりあえず抜け出して忙しくするための口実のようになっていました。倉庫に入れたもののほとんどが、実は大きな部屋をふさぐ以外に何の役にも立っていなかったことがはっきりしました。

ベア・ジョンソン『ゼロ・ウェイスト・ホーム　ごみを出さないシンプルな暮らし』服部雄一郎訳　KTC中央出版

人間の本能が溜《た》め込むことを促すのです。幼少の頃から、私たちはモノを所有することが賞賛されるのを見てきました。誕生日のプレゼントには「あれ」と「これ」を約束する、というように、モノは、限られた特別なイベントや祝い事のご褒美として与えられていました。

また、子供は年少の頃から、「**僕の**ブーブー（玩具《おもちゃ》の車）」と表現します。この感覚で子供は成長し、歳《とし》を取るに従い、自分により多くの褒美を与えようとします。

どうして人間は自分の持ち物にこれほどまでに本質的に執着するのでしょう？

この問いに対する答えを私は持っておりませんが、一つ言えるのは、今の時代が、私たちの必要としているモノと完全に不釣り合いな大量のモノにより特徴づけられていることです。このような現象は人類の歴史が始まって以来初めてのことでしょう。

人間が生きるためには実は本当に少しのモノで足りるのです。そして本当に必要なモノと今日私たちが所有する山のような大量のモノとのギャップが無意識のうちに私たちを苦しめているのです。このことを実感することはほとんどないものの、これらのモノが支えきれないほど重く私たちの人生に伸《の》し掛かっているのは事実です。

自分たちの持ち物が「見えなく」なっています

ある日、私は自分の内面を注意深く観察しながら瞑想した。これらのモノに対する私の執着心、貪欲さ、そしてこれらが私に生じさせている苦しみを見た。この感情をこれほど明らかに見たことがこれらのモノを消滅させた。

イギリスの作家、新聞記者　ヴィッキ・マッケンジー
『Un ermitage dans la neige（雪に埋もれた隠遁者の庵）』（未訳）

仮にあるモノを全く使わないとしても、自分にそのモノに対する愛着が少しでもあると、その気持ちが邪魔をして処分できなくなります。処分するのはもったいないと考えるからです。そして、「ではどうしたものか」と考えること自体が面倒になり、しまいには忘れてしまいます。その結果、そのモノは見捨てられ、戸棚の中、地下室または屋根裏部屋に戻されます。実際にはこのようなモノはゴミと化します。でも、私たちはこのゴミと一緒に暮らすことにすっかり慣れてしまっているため、気遣うこともなく、感覚さえもこれらのモノの存在を感じなくなっているのです。

モノは子分を作ります

モノを一つ購入すると付随して二つ目、三つ目のモノが必要になってくることを実感することがあると思います。例えば、新たにテレビを一台購入した場合、新しいケーブル、新しい取扱説明書、梱包材、保証書などが一緒にあなたの家にやってきます。

また、茶葉を買った場合、それを保管する密閉容器が必要になるでしょう。銀製品をお持ちであれば、それを磨く特別な研磨材が必要になります。新しい車を購入したら、車両保険や任意保険、常に携帯しなければならない書類、車のキー、そのスペアキー、駐車場、請求書等々が付随して必要になるわけです。

結局、これは私たちがモノに支配されている証拠で、その反対ではないということになります。

なぜ「いずれゴミになるモノ」の番人役を務めているのでしょうか？

メガネケースに入れられ、何年間もそのまま引き出しの奥に眠っているメガネはあなたの何本目のメガネでしょうか？　そのメガネのつるの片方は壊れています。このメガネ、これからどうなるのでしょう？　間違いなくゴミになります。同じことが洋服ダンスに吊《つ》るされてはいるものの一度も出番のない服、または「何かの役に立つかも」と取ってある空箱、またはブラウン管の古いテレビ（液晶画面のテレビ購入時に処分されず残っている）についても言えます。

昔の商品は今のものよりも作りが頑丈で、修理も可能で、言わば一生モノでした。一度購入すれば、それを買い替える必要もなく、維持も楽でした。今日では、様々な製品を購入しても使わずじまいのモノが多くあります。それでも私たちは次々と新しいモノを「新しい」という理由だけで買い続けています。そしてこれらの新製品は、捨てられることもなく家の中に留《とど》まり、常時置かれる「疑似ゴミ」になるのです。

持ち物は家賃が高くつく同居人

日本では、座るために畳半畳、寝るためには畳一畳必要と言われています。これは、人が一人暮らすのにはこれだけのスペースがあれば十分ということを意味しています。従って、一緒に住む友人が一人くらい増えたとしてもたいして家賃に響かないことになります。でも同居人は私たちの持ち物なのです。そして畳一畳どころかもっと場所を取ります。モノは友人のように掃除を手伝ってくれるわけでもなく、家賃も分担してくれません。それどころか用事を増やすことしかしません。あなたは自分の家に、招きもしないのに友人が勝手に泊まりに来て家を占領したらどうしますか？　しばらくは黙認したとしても、じきにお引き取り願いますよね。あなたの持ち物もどうして同じ扱いにしないのでしょうか？

手入れや修理に疲労困憊

モノがどんどん増えていくと、特に取扱いが面倒であればあるほど、それらの維持、手入れ、修理、場合によっては保険をかけるのに手間がかかり、私たちは疲労困憊《こんぱい》します。これらのモノがなければどれだけのエネルギーを節約できるでしょう。

定期的にナイフコレクションの刃を研いだり、キッチンに飾っているだけの銀製ティーポットを磨いたりするのは一体何のため？

私たちは限界を定められなくなっています。所有欲に歯止めが利かなくなっていることにも気付いていません。

モノは「モノ」でしかないわけで、私たちの「主人」ではありません。しかし、絶えずその世話に明け暮れる私たちは、自らをモノの奴隷にしているのです。

新規に購入するモノは新たな侵入者

新規に商品を購入する際は、毎回梱包を解き、取扱説明書を読み、家の中での置き場所を決め、要らない梱包材を捨てなくてはなりません。よく考えてみましょう。

このような手間にはもちろんそれに見合う対価があります。何と言ってもピカピカの新商品を買ったのですから。でもあなたの気持ちはうわの空かもしれません。まずはこの新しい侵入者の存在に慣れなくてはならないからです。

さて、あなたはこの侵入者に馴染《なじ》めるでしょうか？　落胆させられる心配はありませんか？　新しさの臭い（化学薬品等）が消えるのはいつ？　果たして戸棚の中にちゃんと収まるでしょうか？

モノが黙々と発信するメッセージ

数えきれないほどのモノが私たちの気分を害しています。家の中に一つモノが増えただけで日常的に一つ余計な囚《とら》われ事、心配事が増えることになるのです。

これらのモノが生み出す面倒な雑用に思いを巡らせてみてください。電池交換、メモリーカードの取り替え、液晶画面の損傷、修理しなければならない椅子、張り替えが必要な鞄《かばん》の持ち手等々。取り敢えず一人で問題を解決しようと試行錯誤してはみるものの、それに費やす時間、次に解決できなかった問題をアフターサービス窓口に説明するために費やす時間、最後にもちろん修理に支払う費用と続きます。

書類が山積みになったデスク、様々な器具や道具で一杯になっているキッチンスペース、着もしない服ではち切れそうなクローゼット等、これらのモノは私たちに黙々と騒々しいメッセージを発信し続けています。それが私たちの集中力を低下させ、落ち着きを失わせているのです。

モノは徐々に「後ろめたさ」の感情を吹き込んできます

そもそもモノは使うために在るもの。もし使わなければ、私たちに一種のカオスと「後ろめたさ」の感情が芽生えます。さらに時間が経《た》つにつれてこの感情は拡大されていくのです。結局、これらの古道具は負の感情と非難の蓄積に過ぎないのです。私たちはこれらのモノを十分に使いこなせなかったことを悔やみ、そこで「いつの日かきっと使う日も来るだろう」と自分に言い聞かせてはみるものの、その日が訪れることはなく、戸棚の奥に見捨てられるのです。

モノを一つ家に入れるということは、それを使う、あるいはそれを眺めることが目的であるはず。もしそれを使わない、またはそれが目に留まることもなくなれば、自分とそのモノとの間にあった関係を裏切ることになります。まるでパートナーに誠実でなくなった時、彼を愛せなくなってしまった時のように。

そうなるとそのモノは負のエネルギーを発し、あなたは「後ろめたさ」を感じるようになるのです。それはまるで自分がモノに軽視されているような感覚で、こころに安らぎを感じられなくなるのです。使わない、または大切にされないモノを家の中に取っておくことは、「後ろめたさ」の中で生きているようなものなのです。

2年間で1回しか着ない服

私は、道具に関しては最小限派です。あれこれたくさんあるのも、めったに使わない道具でキッチンが散らかってしまうのも好きではありません。とくに電化製品はたとえ小さなものでも好きになれないので、友人からは「ラッダイト*」などとからかわれます。その代わり食べ物と直接触れる道具、すり鉢やすりこぎは好きなのです。そうした道具は、近頃では一般的ではないかもしれませんが、実際それほど多くの器具や道具が必要でしょうか。私はどちらかといえば、数本のナイフと鍋、フライパンをなんにでも使い回します。

大事なことは、手に良くなじみ、使いやすく、丈夫で長持ちするものかどうかということです。

＊ラッダイト——19世紀の英国で起こった産業革命反対運動をラッダイト運動といい、機械破壊者をラッダイトと呼称した。

アリス・ウォータース『アート オブ シンプルフード『美味しい革命』からのノート、レッスン、レシピ』堀口博子ほか訳 小学館

2年間で1回しか着ていない服を着る日が今後訪れるでしょうか？ 分からないですよね。もしかしたらそんな日が来るかもしれないし、来ないかもしれません。その日が来ると想定した場合、結局クローゼットから出す機会がなかったとしても、私たちは漠然とその服を記憶に留め続けます。そして、見るたびにジレンマに悩まされるのです。取っておくべきか？ 捨てるべきか？ と。

実際には、私たちは本能的にモノを捨てるようにはできていません。従って、毎回、モノを捨てるためには自分を正当化する口実を見つける必要があるのです。でも、このような躊躇《ちゅうちょ》は小さなカオス状態を記憶に生じさせ、私たちを嫌な気分にさせ、抜け出したいと願うもやもやとした状態に追い込むのです。

そこで私たちはそれ以上考えることを止めます。服をクローゼットの奥と記憶の奥に戻し、無理やり忘れようと努めるのです。

しかしこれが間違いなのです。潜在的にこころはずっと「これをどうしよう?」と自分に問うことを繰り返し、私たちは自分自身を苦しめ続け、このように不必要で、とりとめのない妄想に嵌《は》まるのです。

モノを多く持ちすぎるとそれは性格にも影響します

何か欲しいと願っている時の私たちは、落ち着きがなく、そわそわしているものです。そこで欲しいモノを買う決心をするわけですが、ここで別な心配事が生じてきます。今度は買ったモノを維持し、大切にし、その居場所を見つけてあげないとならないからです。そして頭はそのモノのことで一杯になり、それを買う前と同じ意識状態に戻ってしまうのです。

人は多く持てば持つほど、さらに多くを持ちたいと願うもの。

これは人生の他の分野にも通じるもので、私たちはフェイスブックでより多くの友人を必要とし、外見や能力に対しても、より多くの人から賞賛されることを必要としているのです。

そこに傲慢《ごうまん》な態度が生まれ、私たちは物質的なモノへの欲求を瞬時に満たすのと同じように、他人にも自分の欲求を押し付けるようになっていきます。無意識に、モノを溜め込み続けることで私たちはより要求が多くなり、気難しく、不安定になってくるのです。

一般的に大金持ちで多くのモノを所有している人たちの人生は波乱に満ちていることが多いものです。本来の自分のイメージとは違う作り上げられたイメージに合わせるために、持ち物までも細心の注意を払い、他人の目を常に気にするこの人たちも自らのステータスの奴隷になっていると言えるでしょう。

多く持つことは健康に害を及ぼす

健全な家は「呼吸」する家

そもそも家の役割はそこに住む人を健康に保つことです。その「任務」を果たしていない場合は良い家とは呼べません。

モノが山積してくると、埃《ほこり》、カビ、害虫を引き寄せます。家具を増やすと、それにぶつかったり、躓《つまず》いたり、行きたい場所にたどり着くためあれこれ避《よ》けていくこともあるかもしれません。電子機器を寝室に置いていると、睡眠が妨げられます。たくさんのモノを溜め込んでいると家は本来の役割である私たちの健康維持をも保証できなくなるのです。

万が一、慢性的な疲労、無気力、ぐずぐずと物事を引き延ばす癖《くせ》、睡眠障害、鬱《うつ》、マイナス思考、問題行動、アルコール依存症、買い物依存症、衝動買い、その他多くのストレスからくる病気に私たちがかかったとしても何も驚くようなことではありません。ただ、これらの健康上の問題が住む家に過剰に溜め込まれたモノに因《よ》るものだとは誰も思わないでしょう。

食べ物の質、飲み水の成分にこだわる人は大勢いますが、すっきりと片付けられた清潔な住空間が、（それが何平米であろうと）こころの安定と気分にとって同じくらい重要だということに気付いていない人はもっと多くいるのではないでしょうか？

部屋の散らかりは精神的なダメージを与えます

夜、へとへとに疲れて仕事から家に帰ってきた時に、自分のアパートメントが汚く散らかっていたら、心身共にゆっくり休むことはできないでしょう。空腹なのに冷蔵庫は賞味期限切れの食材で満杯、脱ぎっぱなしの服があちこちに散らばり、捨てるゴミがそのまま放置されているような部屋……。自分の家で寛《くつろ》げないのであれば、一体どこに行けば良いのでしょう？　もっとも、この手のモノは本当につまらないモノなのに、それでもたくさんあるとイライラの原因になり、結局は気が付かないだけで私たちの疲れのもとになっているのです。

私たちのメンタルは次第にこの状態に慣れてしまうのですが、潜在意識はそうはいきません。私たちには、息抜きをしたり、身体《からだ》を休めたり、新たな閃《ひらめ》きを得たり、創造したりするための空間が必要ですが、溢れるほどモノの詰まった倉庫のような場所ではそれも難しいでしょう。過剰にモノを溜め込んだ空間の中で生活することは、濃い霧で視野が塞がれ、前方が見えない中を進むようなもの。さらにこの霧は危険です。なぜならばそれは交流関係、活動、生活全般において決断を下す能力や瞬間的に判断を下す能力を鈍らせるからです。

クレジット払いやローンの負担

私たちは何トンものモノを持っています（そのものずばり、モノの重さです。引っ越しの時に嫌というほど実感します）。しかし、これらのモノの持つ感情的な重さについては何も分かりません。ただ、何か非常に居心地の悪い状況に嵌められてしまっている意識はないでしょうか？

西洋では、若者の多くが流行の服、最新の電子機器欲しさ故にクレジット払いに嵌まっています。その少し上の世代は、家のローン、車のローン、システムキッチンや家具のローン等でがんじがらめです。そういう彼らにとってモノを購入し、溜め込んでいくことがこころの安らぎに繋《つな》がるかといえば実際にはその反対なのです。一体「所有する」とは本当は何を意味するのでしょう。そして、多く持つこと、持っている金額を超える買い物をすることが結局は一種の癖、または病気だとしたら？

モノを減らしてその分自由にのんきに過ごしたほうが幸せなのではないでしょうか？

モノを減らすことで落ち着いた将来の見通しがたつようになります

あなたが突然死んでしまったらどうしますか？

あなたの持ち物は他の人にとってどれだけ大きなお荷物となることでしょう。

この山と積まれた荷物の中からあなたのプライベートな手紙や日記、汚れた下着や、布団に挟まれたネズミの死骸などが出てきて他人の目に触れたらあなたはどう思うでしょょうか？　あなたはこのような荷物を処分する人の身になって考えたことはありますか？

本当に必要なモノ以外は処分することで、あなたの周囲にいる人たちにこのような厄介事をさせないで済むようにしましょう。

鎖に繋がれている哀れな犬のように、もう持ち物には繋がれない！　と考えるだけで、無限の解放感とパワーがもたらされ、将来の見通しについても前向きに考えられるようになるのではないでしょうか。

第2章

「不安」が身軽になることを阻む

お金を失うという不安

捨てる「不安」に打ち勝つ

今では、持ち物はすっかり減り、気持ちはより豊かです。

ベア・ジョンソン『ゼロ・ウェイスト・ホーム　ごみを出さないシンプルな暮らし』
服部雄一郎訳　ＫＴＣ中央出版

なぜ私たちは自分の持ち物を手放すのが不安なのでしょう。この漠然とした「不安」という縛りに打ち勝つには、まずはどのような「不安」なのかを認識し、「捨てられない」という先入観そのものを捨てることから始めなくてはなりません。

例えばトマトのくり貫き器、あなたはなぜ捨てられないのでしょう？　それも今まで一度も使っていないし、今後も絶対に使わないことをあなたは十分分かっています。また、二人暮らしの生活で、なぜ優に数十人分はあるカトラリーセットを取ってあるのでしょう？　絶対に読み直しなどしない古新聞のコレクションになぜこれほど固執しているのでしょう？

あなたがさっぱり捨てて身軽になりたいと願いつつも実行に移せないでいるのは「捨てるのが不安」という縛りがあるからなのです。正確には、この縛りは様々な不安によって表現されます。

・お金を失うという不安（私たちはモノを購入した時の価格がその後もそのモノの値段だと信じています）
・足りなくなるという不安
・無駄遣いしてしまったのでは？　という不安
・思い出を失うという不安
・後日後悔するのでは？　という不安
・空虚感を味わうのでは？　という不安
・他人の目にはどう映るか？　という不安
・変化することへの不安、等々。

なぜ自分の持ち物を手放すのが不安なのか、自分に問い質《ただ》してみてごらんなさい。このように問い質してみることは、モノを手放す突破口となります。もちろん、自分の持ち物をゴミ袋に入れる、売る、または人にあげることを決断するには時間と勇気が必要で、長年一緒に暮らしたモノの場合は特に一朝一夕にはいかないものです。

でも、こころの奥底では捨てるのが一番良い方法であることが分かっているのです。それにもかかわらず、捨てることを阻んでいたものは何だったのでしょう？　一体自分は何を恐れていたのでしょう？　正直なところ何が不安だったのでしょう？　大切なことは、自分に問い質し、それに対してできる限り誠実に、その答えを見つけることです。最終的に自分で引き出した答えにあなたは驚くかもしれません。

このように家に溜め込んでいる持ち物の多さをまずは自覚し、それに終止符を打つぞ！　と頭の中で決断することが、実際にスタートを切ることを可能にしてくれるのです。

モノの処分を決断することとは、「自分の内面を変えることを受け入れる」ということです。

そして今まで達成できなかった時に何回も繰り返してきた口実の助けを借りないことです。**何よりもモノをどう捨てたらいいのか分からない、捨てられない、捨てたくないという思いを捨てることなのです**。

これは誰にでもできることです。スピノザは言っていました。誰かが「それはできない、無理だ」と言うことは、それはすでにその人がそれをしないと決めたようなものだと。ですから、自分に「できる」と言ってみてください。なぜならば実際にこれは実現可能なことなのですから。

無駄遣いしてしまったのでは？ という不安

不安と恐怖とを生理学的に、詳細に研究すれば、不安も恐怖も病気であって、しかも他のいろいろな病気に加わり、さらに病気の進行をはやめるのもわかるだろう。だから、自分が病気であると知る人は、しかも医師の託宣にしたがって、あらかじめそれを知っている者は、二重の意味で病気なのである。病気が怖いから食事療法や投薬を受けたりして病気とたたかうのはよくわかるが、いったい、恐怖心をいやしてくれる療法があるだろうか。薬があろうか。

フランスの哲学者　アラン『幸福論』神谷幹夫訳　岩波文庫

モノを処分することを躊躇させるものの中で、無駄遣い（フランス式に言えば「窓から お金をばら撒く」こと）をしたことでお金を「失う」といった感覚が一番先にくるのではないでしょうか？

もしある人に「あなたの持ち物に出費した分に相当する金額を現金でお返しします」と提案したら、その人は飛び上がって喜ぶことでしょう。多くの人にとってはモノの処分の過程で邪魔をしているのは間違いなくお金を「失う」、別な言い方で「損をする」という感覚でしょう。

それでは、実際に私たちの持ち物にはどれだけの価値があるのでしょうか？

持ち物の実際の価値は？

部屋の中がモノや家具で一杯だからといって必ずしもその家主が金持ちだとは言えま

せん。

一度購入してしまうと、その購入時に支払った金額に相当する価値はすでにそのモノにはないのです（もちろん骨董品や時と共に価値を増す希少な物品は別です）。実際にはほとんど価値がないと言っても過言ではありません。

15ユーロで買ったレモン搾り器は幾らになるでしょう？　試しにガレージセールで売ってみてください。そうしたら分かりますよ！　モノを一つ買った場合、これを再度売るとしても最大でもレジで支払った金額の半分の価値にしかなりません。あなたが50ユーロで買った商品を捨てたとします。あなたは50ユーロ無駄に使ってしまったと思うでしょうが、それは間違いです。あなたはその商品を再度売りに出した時の価格を捨てたことになります。もっともその商品が売れるモノであれば、の話です。恐らく良くてもその商品のもとの値段の20～30％くらいしか得られないでしょう。そして時間の経過と共にさらにその商品価格は下がっていくのです。

従って、商品の現在の価値と購入時の価格を混同しないようにしましょう。むしろ客観的に、他人の手に渡った商品はすべて価値を失うと考えたほうが良いかもしれません。

有名デザイナーブランドのスーツにしても同じことが言えます。もしそれがクローゼットの中で埃にまみれ、毎年少しずつ流行遅れになっているとしたら？　その価値は0ユーロでしょう。あなたがなぜこの商品にこだわるのか考えてみたことがありますか？ただただお金を無駄に捨ててしまったという感覚です。

それは何と辛《つら》い認識でしょう。そのお金はすでに消費してしまったお金だから。しかも無駄に。そして何よりもあなたはこのスーツを全く着ていないからです。と言って、このままこのスーツをクローゼットに吊るしておいたとしてもあなたのお金は回収できるものではありません。従ってそのスーツは何の役にも立たず、その存在すらあなたに何の楽しみももたらしてはくれないのです。

そのスーツは売る、あるいは人にあげるなどの手段を考えたほうがいいでしょう。

高価格の製品を無条件に、「元手を回収せずに」人にあげてしまっても良いではありませんか。なぜならばこのスーツはあなたの住まいとあなたのエネルギーを奪い、罪悪感と後ろめたさをあなたに植え付けているからです。

裕福だけれど節約生活

私の母は大変な倹約家でした。我が家では何も無駄にしたことがありません。すべて自分たちで作りました。裁縫、料理、そして広い冷蔵部屋に野菜のビン詰めも保存していました。私たちの生活はどちらかと言えば裕福でしたがもっぱらの節約生活でした。

フランス人作家セルジュ・モンジョーとの対談

価格とは公的な価値で、需要と供給間の交渉によって決まるものです。一方で、価値とは、私たちそれぞれの感性に基づく倫理的且《か》つ美的な判断により決まるものです。

ほんの少しのお金と引き換えに素晴らしい時間を得ることもできるのです（公園でピクニック、友人と家でビデオ鑑賞、ベランダで野菜栽培等）。その秘訣《ひけつ》は、値札についている価格を基準にするのではなく、ブランド、トレンド、流行に惑わされるでもなく、自分の好みを信じること。例えば、ぼかし模様のちぐはぐな古い茶碗が数個、同じように使い古しの木製盆に並べられている様は決して高価には見えないかもしれませんが、見る人によっては、有名ブランドの真新しい茶碗のセットに引けを取らないほど美しく感じられるのかもしれないのです。

捨てるだけで家は45％も広くなります

買い物が多すぎて銀行口座が赤字になる、持ち物の維持管理に時間とお金をかけ、整理整頓《せいとん》のために収納家具や収納グッズにお金を注《つ》ぎ込む、収納場所を確保するために家を改築する等。私たちの持ち物は想像以上に高くついているのです。

モノを捨てられない人たちは、取っておくことで倹約をしていると考えます。そういう人たちは、今よりも狭い住居で生活することなど全く念頭にないのです（モノを処分することで住居面積を約45％広くできると言われています）。そうすることで家賃、光熱費の節約にもなりますし、もしかすると住まいも職場に近い場所に移れるかもしれません。そうすれば移動にかかる時間の短縮にもなり、交通費の節約にもなります。

商品価値のためだけに取っておかない

あなたの持ち物の中に法外な価格のモノがあるとします。でもそれが現在のあなたの生活にそぐわない、必要のないモノであるならば、どこかにやってしまいましょう。

そうすることであなたが自分自身に対して抱くイメージは益々良いものになっていくはずです。モノをその希少性や高い価格からでなく、自分にとって必要かどうか、という基準でのみ評価できることは、自立していること、自分に自信があることを表しています。

このようにあなたが取る行動は、あなたが価格や見栄えに影響されない人であることを証明するのです。

常に自分の理想の生活を念頭に置きます

彼はその後、庭の二本の肉桂樹の間に腰を掛け、香を焚き、茶または酒を飲みながら書の巻物を解く。戸を開けると、雲と煙、帆船と鳥が、七十もの鋭峰がそびえ立つ背景に、常に異なる景観を見せてくれる。果たして世の味わいは、彼がこのように低い机の前で畳に座って見る景色と競い合うことができるのだろうか？　そのためにはもしかすると素朴な庭師の魂が要るのかもしれない。

Gao Panlong　散文による『自然のパラダイス、中国の庭園』より「庭師の話」序文（未訳）

ショッピング中に入った店で、無性にある商品が買いたくなった時、自分の理想とする室内を常に思い出すようにしてみてください。私たちはつい店の雰囲気に魅《み》せられて、衝動的に新しい商品を買ってしまいますが、それを家に持ち帰ると、すでにそこに在る他のモノとマッチせずに、邪魔なモノが一つ増えて、見た目にもちぐはぐな感じの部屋になることがあります。

このようにあまり考えずに衝動で買ってしまうモノの蓄積こそが理想とするシンプルな生活から私たちを遠ざけているのです。

欲望は尽きません

不必要な欲望を取り除き、人生の複雑さを減らすことです。そうすれば人生の労苦そのものも減ることでしょう。

アメリカの博物学者（自然主義者）、写真家　エドウィン・ウェイ・ティール欲望とは、ほとんどの場合、儚《はかな》いものだと自分に言い聞かせましょう。欲望を一つ満たせばまた別の欲望が現れます。それは理に適ったものではなく、即座に消費することを私たちに促します。私たちがモノを買うのは、それが自分をより良くしてくれる、またはより幸せにしてくれるといった期待を内心持っているからでしょうが、それは少し違います。私たちが誘惑に負けて、店頭やインターネットで紹介されている新製品を次々と購入し続けていることがその良い証拠です。

買い物依存症にストップ！

私の目が物欲しげに一つのモノを見て、手が財布に伸びようとするたびに〝本当に必要？〟が私の頭の中でマントラのように響き渡ります。そこで、私の生活に必要のないモノのために出費をしようとしている私にためらいが生じるのです。

カナダの公認会計士　ピエール・イヴ・マックスウィーン
『あなたにこれは本当に必要？』（未訳）

買い物癖を自ら抑制するためには「パスします」と言えるようになりましょう。そうしないと、あなたはこの買い物癖に主導権を握られてしまいます。

何かを買う時は、その必要性のみが重要になるということを忘れてはなりません。それよりもさらに効果的なのが、買ってしまったことを後悔したモノを思い出してみることです。それらを紙に書き出してみてもいいかもしれません。

依存症的な買い物は不測の買い物です。必要だから買うのではないので、あなたにとって必須なモノではありません。たとえそれが購入時にあなたに一瞬喜びをもたらしたとしても、それはすぐに後悔に変わり、あなたは、また一つ余計なモノが増えたことにうんざりするでしょう。

この買い物癖を自ら抑制できるようになると、それはあなたに自信を与え、エネルギーをもたらします。そして使わずに済んだ時間とお金があなたの元に残されます。

買い物依存症を防ぐためには、あなたが必ず買わなくてはならないモノのリストを作り、それを忠実に守ることです。買わなくてはならないモノが何もなければ、クレジットカードは持ち出さずに家に置いておきましょう。

衝動買いをきっぱり止めます

急いで買うと、よく吟味《ぎんみ》して選ぶ時間が与えられない。その間、彼らは、ランサム夫人の目には魅力的に映っていた禁欲生活を送るのも止むを得ないと見ていた。

イギリスの劇作家、小説家　アラン・ベネット『ランサム夫妻を裸にする』（未訳）

欲求にロジック（論理）などないのです。店を出た途端に慌てて買ってしまったことを後悔した経験は誰にでもあるでしょう。

ただし、それはモノを減らしたいと思い立ち、減らし始めた時の優先事項にはならないでしょう。今のあなたにとっての優先事項は「持ち物を少なくする」という考え方にあなた自身が慣れること、そしてそれを達成することです。そのためには衝動買いを抑制しなければなりません。こころからモノを減らしたいと願う人は、新たにモノを加えるのではなく、「取り替え」ます。

でもどうしても洋服を買う欲求を抑えられないならば、それは一月《ひとつき》に1回のみと制限を設けます。新しい鍋を買うのであれば、古い鍋を一つ処分しましょう。計画的でない買い物をどうしてもしたくなった時は、他の用事を思い出してみましょう。すると「そうだ、まずは電話代の支払いを済ませないとならない。それから擦り切れたシーツを買い替えなくては、靴のかかとも直さなくては、今週分の食材も買ってこなくてはいけないし、お母さんの誕生日プレゼントも用意しなくては」という具合になるはず。

衝動的な買い物癖による欲求に押されるとつい優先順位を忘れてしまいます。買い替えたり、修繕したり、足りなくなっているモノを買うために作成したリストを常に持ち歩くと良いでしょう。

絶対に「後で使うために」買いません

幸福とは望んだものを手に入れることではなく、持っているものを望んでいる状態のことだ。

ラビ・ハイマン・シャハテル

先のことを想定して買う、すなわち漠然とした、はっきりしない目的で買うことは避けましょう。例えば1週間分、というようにあなたに必要な分量だけを買いましょう。〝もしかしたら後々役に立つかもしれない〟というモノは買わないように。〝後々〟は幻想、想像上の生活に過ぎません。

あなたが購入しようとしている新しい茶碗セットがあなたの人生を変えてくれるものと信じ、それから目が離せなくなっていても、それはその時だけ。その茶碗セットがあなたの夢見る理想的な生活を可能にしてくれるわけではないのです。

まずはモノを最大限処分することから始めましょう。モノを処分して味わう爽快感が購入意欲を削いでくれるかもしれません。

とりあえず今現在あなたの家にあるモノで満足するようにしてみましょう。すると余計に持っているモノをすべて処分した後に、あなたは残されたモノが美しく見えることに驚くかもしれません。それは他に何もないので、「役に立つ」ことがことさら浮き彫りにされるからです。

モノを処分する上での優先事項は、他に新たに買い足したり、古いモノを新しいモノに取り替えたりするのではなく、まずはすでに在るモノで間に合わせてみること。モノを減らした後でも、残された少ないモノをより新しいモノ、またはより美しいモノと取り替えることはいくらでもできます。まずは不要なモノを処分しましょう。

新たに購入したモノを疑ってみます

ある商品を買うことになった時に周りの友人らが寄って集《たか》ってアドバイスしたりしませんか？　でもその中の何人が消費を賢く「抑制」することを教えてくれたでしょうか？

「消費すること」は熱情に少し似ています。頭が空っぽになり思考能力が失われるのです。そして、そのモノが「今、ここ」で欲しくなるのです。

このような欲求が現れたら、一番良い方法は家に一度帰ることとです。そしてそのモノが目の前を通り過ぎていくのを待つのです。あなたがもしすっきりした室内を思い描いているのであれば、家には恐らくまだたくさん処分しなくてはならないモノがあることでしょう。それらを目の当たりにすれば、それまで風船のごとく膨らんでいた欲求は多分急速に萎《しぼ》むはずです。

そう、そこで、家に何もない空間を作ることが、良い買い物習慣を付ける鍵になるということにあなたは気付くのです。
このように本当に必要としているモノを突き止めるためには時間もエネルギーも使うことになりますが、これがレジに向かうまでの間に買うべきか否か考え直すことをあなたに促してくれるのです。

慎重に考えた末の買い物

このセーターですか？　このお気に入りの青色のを見つけるのに2年かかりました。

京都で出会った20歳の女性の賢いコメント

思いつきや衝動でつい買ってしまう買い物には気を付けましょう。常に自分に「これは私に必要？　今の私の欲求は何？」と問いかけをする癖を付けることです。この問いかけは「必要」と「欲求」とを区別するために、非常に重要な作業です。でもご心配なく、あなたがけちけちと暮らすように仕向けるものではありません。必要と欲求を区別することは、「質素なモノ」と「高価なモノ」のどちらかを選ぶことではないのです。

あるヴァイオリン奏者が良い弓を必要としているとします。この場合、「欲求」とは呼びません。この弓は必要でもあり、この奏者の努力に対する答えでもあり、褒美にもなるものです。その弓は彼の人生において大きな位置を占めることになるのです。

賢い消費方法を身に付けるにはそれをとことん追求する姿勢と時間が要ります。「必要」とは必ずしも生存していくためになくてはならないモノではありませんが、かと言って、あれもこれも駄目と自分に対してすべてを禁じることもありません。

フランスの作家、シモーヌ・ド・ボーヴォワールも「買うことはとても大きな幸せだ」と言っていませんでしたか？　慎重に考えた末の買い物は、どんなモノでもタブーにはならないのです。

できるだけよく知っている製品を買いましょう

稀によく知らない商品、ブランド、または食品を買うことはあっても、それはその時だけにしましょう。

いつも似たり寄ったり、同じような食事の繰り返しの毎日だとしても、それは悪いことではありません。ガストロノミー（美食学）が流行だからと、毎週のように新しいレシピに挑戦することもありません。新しいレシピは新しい調味料を揃《そろ》えなければならない場合も多く、それを引き続き使うのならばともかく、1回きりになってしまいがちです。

同様に、あなたのお決まりのブランド（例えば石鹼《せっけん》、パスタ等のブランド、アパレルブランド）が見つかったら、それ以上探すことも必要のないこと。一生同じ練り歯磨きを使い、同じブランドの下着を忠実に愛用し続けることもできるのです。

同じ製品に忠実であることは少なく消費するための良い手段となり、期待に沿わないモノを購入し、処分に困って失望しないで済みます。

過去の失敗を引きずらない

賢い人間は、金銭を愛してもそれを正しく使う方法を知っている。

紙箱の蓋《ふた》に印字されてあった文章

過去に買った高額商品のうち、捨てるのを諦《あきら》めているモノはどれだけありますか？あなたは買ってしまった高額商品で今後さらにお金を失うことはありません。すでに支払い済みだからです。でもそのお金があなたの財布に舞い戻ってくることもないのです。消費してしまったお金は消費済み。それをいつまでも引きずらないことです。それよりも物事のプラスの面を楽しみましょう。あなたは自分の買い物習慣を改め、今後はより理性的で賢い消費者になることを学ぶでしょう。

そしてこれから捨てる、寄付する、あるいはリサイクルに出すかもしれない高額商品も、たとえその購入時にはお金がかかったとしても、その見返りにあなたがモノを減らすためのより良い消費癖を身に付けたのであれば、十分役に立ったことになります。

少なく消費することがどれだけ倹約になるのか、あなたはその結果に驚くことでしょう。そして間もなく、家の中には処分するモノがなくなるでしょう。なぜならば、あなたは愚かにモノを溜め込むことをしなくなるからです。

流行が押し付けてくるモノに抵抗します

山のようなモノもなければないで済ませている人が大勢居るのに、新たにモノを買うことを諦める人はまずもって居ないだろう。

イギリスの劇作家、小説家　アラン・ベネット『ランサム夫妻を裸にする』（未訳）

文房具、化粧品、アクセサリーや宝石、毎日取り替える服、装飾品、ロゴ付きグッズ、デザイングッズ、作る手間暇を考えると捨てるに捨てられない工芸品、旅行の思い出の品（二度とない機会を、その思い出の時間を私たちはモノに託そうとします）、購入したモノの付属品として買うモノ（収納グッズ、ステレオのヘッドホン等）。

このようなモノはたとえなくても大丈夫なモノです。なぜならば私たちの幸福には必ずしも必要ではないからです。

ノートは2冊目を買う前に、最初のノートのどのページも埋め尽くされて真っ黒になるまで使い切ることを学びましょう。化粧は2、3アイテムでできるように工夫し、アクセサリーや宝石を着けるよりもあなたのこぼれるような笑みのほうが素敵であることを自覚しましょう。室内を飾るよりもアクセントとなる家具を1、2点置くだけにして、部屋をすっきりさせましょう。

他にもっと素晴らしい幸せをあなたは見出《みいだ》すでしょう。それはより持続する幸せ。例えば、音楽に親しむ、旅行をする、絵を描く、読書をする等。

衣服であろうと、室内装飾品であろうと、電子機器であろうと、流行が押し付けてくるモノには抵抗することを学びましょう。新製品の中で生きているのはそれに感染してしまったから。これは模倣に過ぎない、と自分に言い聞かせてみてください。

賢く消費するのは私たちに与えられた権利です。私たちは何のために所有するのかを自分に問いかけながら消費するべきなのです。

貧しくなるのでは？　という不安

モノを処分すると豊かになる

笑う門には福来たる。

日本のことわざ

持ち物を処分することは自分を現状より貧しくすることではありません。それどころか、逆説的になりますが、捨てることが豊かになることに役立つのです。

家の中が足の踏み場もないほど散らかっていることと整理整頓されていることは、銀行の預金残高の多い少ないとは関係ありません。

「裕福な人」と「貧しい人」との違いは、物質的利益に対する「無関心さ」に見られます。モノが私たちを豊かにするのではなく、お金をどのように消費し、投資し、その金額に見合った質の高いモノに使っているのか。別の言い方をすれば、消費の仕方が豊かさの鍵となるのです。

その一方で、「貧しい人」は所有し、溜め込むためだけに買う人です。それが巨匠の描いた絵画であろうが、ユニクロのTシャツであろうが同じです。

持っているから金持ちなのではありません。従って決して捨てることで貧しくなることはないのです。

決してけちけちしてはいけないモノ

人間は着物を着ないでは歩きまわれぬように、家がなくては生きてゆけない。夏は涼《すず》しく冬は温かにということは衣服の本義であるが、それは家についてもあてはまる。

林語堂『人生をいかに生きるか(下)』阪本勝訳　講談社学術文庫

値段が安いからという理由でモノを買うべきではありません。利用価値のある上質の製品を吟味して選びましょう。本当に必要なモノは少なく、高級ブランド製品でもない限り（宣伝費、出店ロケーション、ブティックの雰囲気作りの費用等が製品価格の70％

を占めます）、多少値が張ってもあなたの財政に響くほどではないはずです。

例えば、奮発して材質の良い遮光カーテンやパーケール綿のシーツを購入してみてください。これらの製品は長持ちしますし、上質の睡眠をもたらします。少し高めの値段は、より快適な生活が得られることで相殺されるでしょう。

一般的に「必要」とされるモノは、衣食住、それと私たちの生存と仕事に関係するものです。これは毎年3週間クルージングに出掛けるよりも、または何千ユーロもするシステムキッチンを設《しつら》えるよりも安く済むのですよ。

お金に囚われないように

お金とは、私たちを物質的なモノから解放するために役に立つもので、束縛するためにあるのではありません。生きていくために必要なモノは実は本当に少なくても済むとさえ分かっていれば、将来への不安に悩まされることもないでしょう。

お金があるおかげで私たちは必要なモノを手に入れることができます。従ってできる限り持ち物を少なくするためにお金を役立てるべきなのです。所有物から私たちを解放できるのはお金だけなのです。お金はいつでも交換できます。モノはそうはいきません。あなたが十分な収入を得ているとしても、出費は必要最小限に留めて、お金に囚われないようにしましょう。

お金に操られること、そして愚かにお金を使うことを止めてみると、銀行口座に眠る自分のお金さえも忘れて生きるようになります。公共のサービスをできる限り当てにせずに、自立した自給生活を営むこと、この生活こそが消費社会からあなたを守る盾となることを理解するでしょう。理想は小さな庭で野菜を育て、着るものは耐久性に長《た》けたジーパン、ウールのセーター、趣味は俳句、読書、友人と会う、写真を撮るというような悠々自適な生活かもしれませんね。

それは収入の多い少ないに関係なく、要するに衣食住に必要な最低限の予算で生活することであって、何もけちけちしなさいと言っているのではありません。

次に消費社会と一線を画した楽しみの味わい方を学びましょう。それは簡素で物質的な束縛を避けたもの、当然お金の心配をしなくても良い「楽しみ」となります。お金を全く使わなくても充実した時間を過ごすことは可能です。例えば散歩、ピクニック等、一日だけでも良いので試してみてください。

「皆がやっているから」と、型に嵌まった資本主義的な価値観に沿って、画一的な生き方に流されていくと、そのうちに鈍い痛みを感じるようになるでしょう。今まで衣服、余暇、外食、お酒等に使いすぎていたお金を少し節約してみませんか。結局、お金に囚われていた今までの生活よりも質の高い生活を手に入れることになり、より豊かな気分になれるはずです。傍目《はため》には質素に見えるかもしれませんが、あなたの内面は幸せであることを実感するでしょう。

モノを捨てることが消費の仕方をすっかり変えます

要らなくなったモノを「取り除く」ことはなにも文字通り洗いざらい処分することではありません。必要に応じてのみ購入する質の良いモノを好むことを呼びかけているのに過ぎないのです。

私たちはほとんどの場合、無頓着《むとんちゃく》にモノを買い、あまり考えずにそれを溜め込みます。では、処分することに関してはどうしてこの同じ無頓着さでできずに迷ってしまうのでしょうか？

これは各自が各々のリズムで考えて答えを出していくものですが、処分することを認識することで、たとえその過程が遅々としたものでも、実行するたびにこころは安らぎ、お金に対する気持ちも穏やかなものになり、何よりも「消費」という行動への関心が薄れてきます。

モノを捨てれば捨てるほど、無駄遣いや過剰な持ち物、〝大量〟消費に対する嫌悪感が増してくるでしょう。そうなってくると、あなたはお金を使わなくなり、結局今よりも多く得ることになるでしょう。

無駄遣いしたかも？という不安

「もったいない」の概念、昔と今

なぜ私たちは着なくなった服を、または何年間も放ってある手付かずの刺繍《ししゅう》セットをそのまま取っておくのでしょうか？　冷蔵庫の中で傷んでいく食材を捨てられずにいるのでしょうか？　それは無駄遣いしたかも？　という不安、日本人的な表現では「もったいない」という気持ちからです。

昔から無駄遣いは罪とみなされ、私たちは無駄遣いをしないように教育されてきました。しかし、昔は、モノが今よりも希少で高価だったため、無駄遣いをしないことが徳とされていましたが、今日の無駄遣いの概念は全く違うもの。それは「時間、エネルギー、所持スペース、健康を、全く価値のない活動のために失うこと」ではないでしょうか？

「これは無駄遣い」という障害物を乗り越える

無駄遣いが罪であるならば、家に使わないモノをずっと持ち続けていることもネガティブなことです。絶対に使わないモノを日々眺めて暮らすことは、絶え間なく自分のだらしなさや過って買ってしまったモノや、センスまたは良識のなさを見せつけられているのと同じです。

無駄遣いの不安は、しまいには家の中を「見限られた」モノで一杯にします。

本当の無駄遣いとは、この役立たずの持ち物を見るたびに微《かす》かに生じる後悔の念、後ろめたさといった負の感情を私たちが受け入れてしまうことなのです。

そして質《たち》の悪い「持ち主」である私たちは、「まだこれを持っている。捨てられないし、どうしようかしら？　考えたくもない、忘れてしまいたい」を繰り返すことになるのです。

無意識のうちにこころの内面に深く食い込むこの痛みと「無駄遣いはしたくない」という潜在的な苦痛のうち、どちらがより有害でしょうか？

ここでしなくてはならないことは「モノを捨てること」よりもむしろ「この不愉快な

感情を捨てよう」と思うことです。

これを実際に行動に移すことで、あなたは重苦しい気持ちを軽くすることができます。あなたの過去の失敗や嫌な思い出を彷彿《ほうふつ》させるようなモノを眺めて落ち込むこともなくなるのです。

完璧なモノであっても私には合わないかも

どこから見ても完璧なモノ、でもなぜか自分には合わない……ということも有り得ること。これも受け入れるべき事実です。

ここでは、そのモノが使えるモノかどうかよりもそれをどのように使うかが問題なのです。別な言い方をすれば、モノを中心にモノに合わせて決めるのではなく、そのモノが私たちに合っているかどうかの判断をするのです。

例えばメガネですが、他の人にはぴったり似合うメガネが必ずしも自分に合っているとは限りません。

従って、罪悪感に苛まれる必要もないのです。このことは決して忘れてはなりません。

モノはあなたにとって役に立つからこそ価値があるのです。それも今、この瞬間に。

もし、あなたが使いこなせないのであれば、そのモノはあなたの家ではゴミ同然です。

それは処分すべきでしょう。

今後言ってはならない二つの言葉

捨てることのできる人は、次に挙げる二つの言葉で絶対に躓かないという人。

それは、「もったいない」と「もしかしたら、まだ使えるかも」です。

捨てることのできる人も、この二つの禁句を避ける訓練をしたはずです。そして初めは、当然、まだ使えるモノを捨てたことに対する罪悪感を払拭《ふっしょく》できなかったはず。でも、まさしくこの嫌な感情を捨てることに一番時間がかかるのです。


そしてこのことは、用心しないとモノは際限なく家に溜まり続ける、という事実を私たちに分からせてくれるものです。

昔はモノの数も少なく、それぞれが貴重で高価でした。使わない、または捨てることはもったいないことでした。でも、時代は変わったのです。私たちにとって本当の無駄は捨てることではなく、軽々しく、考えもなく買うという消費サイクルのことを指しているのではないでしょうか？

「これを私は使っているかしら？」

これは無駄遣い？　という不安に見切りをつけるには最高の質問です。この質問はモノを捨てるのはネガティブではないこと、さらにモノに愛着を示す最良の方法はそれを使うこと、と私たちを納得させてくれます。

捨てたら無駄という理由で、あなたはどれだけの未使用品を捨てずに戸棚の中に取っていますか？

持ち物はどれもが自分の友であるべき

見限られたモノ、すなわち使用していないモノで一杯の室内は、見知らぬ人に囲まれて暮らしているようなものです。モノ一つ一つが自分にとって知人以上、そう、友人のようでなくてはなりません。そして、今そのモノと自分が同じ価値観を共有できなくなったとしたら、別れ時なのです。当然ながらモノが決断を下すことはできませんし、自分で歩いて出ていってはくれませんので、行動に移すのは私たちです。私たちがもはや必要でなくなった、いわば友人でなくなったモノたちに囲まれて暮らすことを止める決断を下すのです。

忘れられたモノは自分を幸せにしてくれなかったモノ

戸棚の奥に放置された、忘れられたモノが私たちを幸せにしてくれることは非常に稀なこと。そうでなければ何もそんなに見えないところに隠したりしないでしょう。いずれにせよ、一度も使われたことのないモノはすでに「無駄」なモノ。それが役に立つでもなく、あなたに喜びをもたらすでもないモノならば、あなたの今の生活にとっては余計なモノなのです。

冷蔵庫に傷んだ食材がありますか？

捨てることのできない人は、結局後に嫌々捨てることになっても、見ない振りをして冷蔵庫の中で食べ物の残りを腐らせています。

「取り敢えず」「今のところは」「いつか」という考えはとても人間的なものです。無駄になるという感情に妨げられてしまうと、私たちはモノを捨てる時期を引き延ばそうとします。しかし、今、すでに、どのみち捨てることが分かっているのなら、即座に捨ててしまってもいいのではないでしょうか？

後でまとめて捨てるよりは、毎日、少しずつ溜め込んでいるモノを捨てていくといいと思います。そうすることで、無駄遣いしたという罪悪感をある意味「曖昧《あいまい》」にできます。

このような捨て癖がつくと、今度は日々の買い物の時も気を付けるので、無駄が省かれ、買いすぎないようになるでしょう。

傷んだ食品を捨てる時に私たちは常々「もう繰り返すまい」と誓うものです。

「捨てない徳」VS「捨てる徳」

世間の貧困についての論争で、我々の消費習慣や浪費癖、我々の好み、生活習慣、一般的な価値観を根本的に変える要求に至らないものは偽善でしかない。倫理的な問いに対して技術的な答えは一つもないのだ。

アメリカの歴史学者　セオドア・ローザック
『どこで砂漠は終わるのか？　ポスト工業社会における政治と卓越性』（未訳）

子供が自立し親元を離れた後も、多くの親はそのままモノで一杯の家に住み続けています。またどれだけの高齢者が、一人住まいであるにもかかわらず、必要とする量の優に3倍はある食器と共に生活していることでしょう。

確かに、この世代の人たちは戦後のモノ不足を経験し、その後もモノは大切にという意識と共に生きてきました。まだ使えるモノを捨てることは絶対にありませんでした。と言うよりも、必要に迫られて買っていたので、彼らの持ち物はすべて実際に使うモノだったのです。

昔の日本ではモノを使わないでいると、付喪神《つくもがみ》の霊がそのモノに宿り「使わないモノは取っておくな」と脅しに来るという言い伝えがあり、敬虔《けいけん》にその霊をお祓《はら》いしたそうです。また京都では、9月の第4月曜日に、使い古した櫛を安井金比羅宮《やすいこんぴらぐう》という神社に持ち込むと供養してもらえるそうです。

昔の人たちは、無駄遣いをしないことを徳とする一方で、使わなくなったモノを取っておかないことも徳としていたのです。

すべてが儀式により統制され、処分されるモノに至るまで敬意を込めて扱われていました。

それでは、「無駄遣いをしないように」と呼びかける現代の徳のほうはどうなっているのでしょうか？

本当の無駄は「罪悪感」

捨てることはもしかすると無駄なことかもしれません。でも、本当の無駄とは、「持っているのだから、使わなくては」という罪悪感なのです。この感情は想像以上に重い心理的圧力になります。

そしてこれには反復性があります。あなたはこの小さなプレッシャーを毎朝クローゼットを開けて、そこにぶら下がっている着ない服を見るたびに感じます。またはカルダモンスパイスの瓶を見て、一年間一度も開けなかったことを思い出すたびに感じるのです。

本当の無駄とは、必要のないモノを使わずに取っておくことであなたが暮らせていく心理的な罪悪感のこと。持ち続けていると、この罪悪感があなたから離れることはないでしょう。明日も、これからもずっと。

本当の無駄がこの罪悪感という心理的な重みであることをあなたが実感すればするほど、必要か不必要かを判断する能力が研ぎ澄まされていきます。そうなれば、「捨てる」決断もより容易に、より速やかに下せるようになるのです。

そうやって罪悪感なく要らなくなったモノを捨てられるようになった人にとっては、無駄という概念は存在しなくなります。

このような人たちの関心事はもはやモノではなく、身軽になるということ。別な言い方をすれば、モノではなく、自分の心地よさを優先するのです。

もちろん、モノを捨て始めて間もない頃は、あなたは「無駄になっている」という感情に頻繁に苛まれることでしょう。最初はその感情との激しい戦いとなっても、回数を重ねるごとに、捨てることが本当の無駄ではないことを理解するようになります。

持ち物も少なくなってくると、そのうちに無駄の概念そのものも頭に浮かんでこなくなってくるでしょう。

足りなくなるという不安

足りなくなるという不安は本能的なもの

必要なモノが揃っていることが幸福に繋がりやすい。ここにいる人たちは貧しいのだが、何も不足していない。食べ物、医療、彼らの子供の教育に必要なモノは何かしら調っているからだ。

ニカラグア国立病院の医師

私たちは、足りなくなる不安からモノを溜め込むのです。この不安はお金を失う不安とは別のものです。たとえお金があっても不足感を抱く人はいます（例えば食品やトイレットペーパーを買い溜めする人）。すべてを失うことが「意識的な不安」であるのに対して、この「不足するのでは？」という不安は本能的なものです。

慎重な人は大抵の場合、突然起こる災難（失業、死、別離等）を見越して、財政的な予備費を蓄えたり、問題が生じた時に当てにできる良き友人数人の連絡先を控える等の用意をしているものです。
もし、まだその用意ができていないのであれば、すぐにでも、そのために定期的に少しずつお金を積み立てておくことをお勧めします。

足りなくなるとは何を意味しているのでしょう？

巨大なクローゼットは頭をぼやかします。海のように広がる可能性の中で、意思決定ができなくなってしまうのです。（中略）コンパクトなクローゼットなら、入れる服は注意深く選び、どれも平等に着て、見える場所に民主的に配置されます。つまり、服を減らせば**クローゼットが着るものでいっぱいになるのです。**

ベア・ジョンソン『ゼロ・ウェイスト・ホーム　ごみを出さないシンプルな暮らし』
服部雄一郎訳　ＫＴＣ中央出版

「足りない」とは、必要とするモノが丁度必要としているその時にないということ。例えばそれは洟《はな》をかみたい時にバッグの中にティッシュペーパーがないというようなことです。

あなたの手元に良く切れる包丁とまな板、鍋が数個とフライパンがあるとします。料理を作る道具で何か足りないモノはありますか？　たとえレモンジュースを作るのにジューサーを持っていなくても、これを不足とは呼びません。足りない、というのは私たちになくてはならないモノがない状態のことをいうのです。

なぜ同じモノをいくつも持っているのでしょうか？

権力の表し方の中でもっとももこころを打つものが自制である。

古代アテネの歴史家　トゥキディデス

つまらないモノ、例えば様々な長さの紐、ねじれたクリップ、錆《さ》びた釘《くぎ》というものを取っておくのもやはり、何か足りなくなったら？　という不安からきているのでしょう。

食器に関しても、同じようなセットをいくつも持ち、さらに普段使わない来客用のものまで取ってあるのはどうしてでしょう？　普段使いにも来客時にも使える、融通が利く食器が1セットあれば十分のはずです。

お客様をもてなす時は濃い色の無地のテーブルクロスを敷くと優雅さが出ます。何もないところに美しさを見つけることを学んでください。どのような機会にでも使える多機能な食器であれば（形がシンプルであれば、ザワークラウトを盛り付けるのにも、ベトナム料理のネムを並べるのにも使えます）、お皿1枚がいくつもの役目を果たします。

6人、12人のお客様が来るとします。食器棚の食器を全部取り出してみて、人数分だけ残して後は仕舞い、省けるものは省きます。グラスにしても、水もワインもシャンパンも飲めるようなグラスにするのです。形がシンプルなものほど用途を選ばないので何にでも使えて重宝します。日本酒用の盃《さかずき》、ウィスキーグラス等、週に一度は必ず使うというのであれば別ですが、そうでないのならば、処分しましょう。

日常的に使うには高価で美しすぎる食器類も諦めましょう。引っ越しのたびに割らないように大切に扱ってきた美しい食器を処分するという発想にあなたは衝撃を受けるかもしれません。でもあなたが処分することに夢中になればなるほど、この発想が次第に当り前に思えるようになってくるのです。

ふきん、雑巾、アイテムごとの数を減らします

「ビデオテープレコーダー？　要らない」とランサムは言った。「人生はそれでなくても十分に複雑だ」

イギリスの劇作家、小説家　アラン・ベネット『ランサム夫妻を裸にする』（未訳）

ふきんの数は5枚、雑巾《ぞうきん》の数は3枚もあれば十分間に合うのに、数えてみたらふきんはその8倍、雑巾の枚数も軽く10枚はあるというのはどうでしょうか。使い古した時の予備に取っておくのでしょうが、ふきんは数ユーロで新しいのが買えます。タオルやシーツにしても一人につき2セットもあれば十分なのです。

重複しているモノはすべて処分

できるだけ多くのモノを処分できるようにするためには、様々な用途に使えるモノを選ぶようにしましょう。反対に、専門性の高い道具類は避けるように。洗濯物を干す時に使うバケツは水張り用にも使えます。ラクレット（スイスのチーズ料理）は、フライパンでもオーブンでも作れます。卵の白身を泡立てるのも手動泡立て器で十分です。

住居用洗剤も汚れ除去作用が強力なものと普通のものの2種類もあれば、完璧に住まいを清潔に保てます。掃除は定期的にしていれば（持ち物が少なければ素早く簡単に済みます）、カビも手垢《てあか》も定着する間もないでしょう。

私たちはずっと以前から、浴槽を洗うにはこの洗剤、トイレ洗いにはこの洗剤、床磨きにはこれ、ステンレス磨きにはこちらというように、コマーシャルに洗脳されてきました。でもなぜこのような宣伝を信じなくてはならないのでしょう。

私は「マイ石鹸」をようやく見つけました（私のマイ石鹸はドクターブロナーのものです）。この石鹸は万能で、頭の先から足の先まで洗えるばかりか、私は食器から衣類、そして床までも洗います。

そうなりますと買い物も簡単になります。スーパーに並べられている洗剤を用途別に選ぶ作業から解放されるわけですから。

ストックを持つ必要はありません

もし今、私がキッチンにある食材すべてを大型倉庫店で買わなければならないとしたら、ダンスホールのような食料貯蔵庫が必要になってしまうでしょう。けれど、自然食品店の量り売りコーナーで買えば、そんな馬鹿でかい食料貯蔵庫は必要ありません。（中略）自然食品店では、消費者は自分が本当に必要とする量と保管スペースの広さに合わせて買い物をすることができます。（中略）言ってみれば自然食品店は〝わが家のダンスホール〟、消費者のために保管スペースを提供してくれているのです。

ベア・ジョンソン『ゼロ・ウェイスト・ホーム　ごみを出さないシンプルな暮らし』
服部雄一郎訳　ＫＴＣ中央出版

冷蔵庫の中に保存している食料品を使い切ってから新たに補充するように努力してみましょう。そうすれば食料の買い物をより良く把握できるようになるでしょう。冷蔵庫にはあなたが今食べたいと思っているあなたの好物だけを保存しておくのです。料理もシンプルなものを心掛けましょう（可能な限り新鮮な素材で）。そして特別な機会にはレストランでの食事を自分にプレゼントしてあげるのです。これは買い物リストの書き出しから料理を作るまでの日常的な段取りをどれだけ簡単にしてくれることでしょう。

美味《おい》しいケーキが食べたいと思ったら近所のパティシエのケーキを買いに行きましょう。ケーキを焼くために揃える材料を家に保存するよりもずっと安く済みます。

多くの日本人が調味料を冷蔵庫に保存しています。また日に何回も開ける冷蔵庫内に米や小麦粉のような保存の利く食品も入れておくことで、その量と賞味期限をより上手《うま》く管理できます。保存料を使わないオーガニック食品等の場合は特に冷蔵保存のほうが傷みにくいでしょう。使い切れる少量を冷蔵庫で保存することで、パントリーが一杯で管理不能にならずに済みます。

商店を自分の倉庫とみなし、街を自分の住まいと捉えます

自分の持ち物は十分だと認識している人は本当に少ない。その少ない持ち物の分別ある使い方を知っている人はもっと少ない。

商店は通常私たちが必要としている様々な物資を倉庫に保管し、その保管料に多額のお金を支払っています。従ってこれを私たちの倉庫と考えればいいのです。どうして自分の家をさらに倉庫にする必要がありましょう？　住む街も同様に私たちの住まいと捉えればいいのです。散歩をするための公園、友達と会うためのカフェ、教養を深めるための図書館という具合にもっと利用するべきでしょう。そうすれば自分の住まいにはより広い空間が生まれます。私たちの住まいはモノをストックする場所ではなく、自分が存在するための空間になるのです。

「もしかしたらいつか」のために取っておかない

この「いつか」がやってくることはまずほとんどありません。その一方で、モノはこの「いつの日か」に備えてどんどん溜め込まれていくのです。「もしかしたらいつか」は捨てることのできない人が吐く口実に過ぎません。あなたは「もしかしたらいつか」

その服を着ることがあるでしょうか？　今まで一度も袖《そで》を通したことがないのなら、それには必ず理由があるはずです。そしてその理由が変わることはないのです。

仮に「もしかしたらいつの日か」が巡ってきたとしても、その時には今のあなたの好みとは違ってしまっているかもしれません。あなたがその服を捨てずに取っておくのは、まだ着られる服だから、あるいはあなた好みの服、または高額な服だったからではありませんか？

でもあなたには似合わない、それをあなたは承知しているのです。

このようにしてモノは溜まっていきます。もし前以《もっ》て、どのような機会に着る服と分かっていれば、あなたは「いつか着るわ」とは言わずに「○○の時に着るわ」と言えるでしょう。その機会がはっきりしている場合のみ取っておきましょう。たとえそれが数か月先のイベントだとしても。

どのようなモノでも3年間全く使わなかった場合、あなたはそれを今後使うことは皆無と考えたほうが良いでしょう。この3年間が30年間になるまで待つようなことのないように。

よく電気掃除機に付いてくる付属品のブラシ、家電に付いている使い方を忘れてしまっている特殊な形状の鍵、読むことなどない取扱説明書、空っぽになったビスケットの缶、何年間も後生大事に取ってある綺麗な紙袋、購入してから10年経っても一言も話せない外国語をマスターするためのマニュアル本など、私たちは「もしかしたらいつか」と言っては捨てずに取っておきますが、これらの「もしかしたらいつか」とはきっぱり別れを告げましょう。

ほとんどのモノがレンタルできます

ないことを恐れる必要はありません。旅行用のトランクまたはスキャナーなど稀にしか使わないモノは借りることができます。結婚式に着ていくドレスも同様です。将来的に使うことのないモノをなぜあなたの家に置いておくのでしょうか。

なくても済むモノのリストと分別法

時々私が独りだったらどのように生きていくだろうかと想像することがあり

ます。きっとすべてが戸棚の中に収納できるように折り畳みのできる家具を揃えるだろうと思います。私にとってこれこそが理想の生活なのです。

――人のミニマリストが語ってくれた言葉

なければないで済ませられるモノがなんと多いのでしょう。

何か足りないモノがあったとしても何とかなると知っていれば生活はすぐにでもシンプルになります。

以下の製品はなくても済みます。それも喜んでパスできるモノばかりです。

・ガスオーブン（オーブン機能付き電子レンジで賄えます）
・電気ポット
・圧力鍋
・電気蒸し器
・電気炊飯器（どのような鍋でもご飯は炊けます）
・パン焼き器（特別な用途のために作られた製品は飽きがくるのでできるだけ避けます。

この手の機器は場所を取ります。美味しいパンはパン屋で買い、スライスして冷凍保存します）

・タイマー（携帯電話、腕時計で代用。人間の勘のほうが優れている場合もあります）

・食器洗浄機（お皿3枚とコップ3個を洗うのにどれだけ時間がかかるのでしょう？食事の準備をしながら汚れた器具を順繰りに洗っている場合は特に）

・水切りカゴ（大きめのサラダボウルに小さな食器を入れて水を切ります。お皿や鍋の水切りには二つ折りのふきんを下に敷きます。洗った食器を拭《ふ》くには数分しかかかりませんね）

・様々な電動調理器具（卵白を泡立てたり、ニンジンをすりおろしたり、粒状のものを挽《ひ》いたり、ひき肉を作ったりするためにはバーミックスのようなマルチファンクションのモノが一つあれば十分です）

・シェフになった気分にさせる様々なサイズの包丁

・大小様々なサイズのサラダボウルとザル（どちらも中サイズのモノが一つあれば十分）

・スパイスラック（冷蔵庫で保存したほうが持ちます）

・キッチンの流しに置く生ゴミを入れる三角コーナー（これは頻繁に除菌する手間が大変です。料理中に出る野菜くずはボウルに入れておき、まとめてゴミ箱に捨てましょう）
・計量スプーン（普段使っているティースプーンやスープ用のスプーンで代用）
・オーブンミット（ふきんや台拭きで代用）
・写真のネガ
・トイレマット、バスマット、キッチンマット、玄関の入り口に置く絨毯《じゅうたん》等（掃除のたびにどけなくてはなりませんし、頻繁に洗濯しなくてはなりません）
・一回も読んでいない本、絶対に読み返さないであろう本
・家電等の取扱説明書（インターネットで検索）
・メイク落としコットン（低刺激石鹸と水があれば必要ありません）
・使い切りのボールペン、割り箸《ばし》、レジ袋（本物の万年筆またはボールペンを自分のために買いましょう。箸もマイ箸を用意しましょう。バッグの中にエコバッグを常時入れておくようにしましょう）
・XXLサイズのバスタオル（場所を取るし、乾きが悪い）

・パジャマ（Tシャツとヨガパンツのほうがずっと楽です）
・パソコン専用ケース（スカーフのような布で代用）

以上はあくまでも私の場合です。皆さんの場合、なくても大丈夫と〝喜んで〟言えるモノはどんなモノでしょうか？

空虚感に対する不安

極端なミニマリズムは私たちを不安にさせます

近年マスコミ等で紹介されているミニマリズムは私たちを不安にさせます。その理由は簡単、一言で言うと不自然なのです。流行の一つとして、何の根拠もこころもなく、私たちが代々先祖から引き継いでいる良識や人間の温かみ、あるいは美と快適さの中に見出す生き方というものを無視するものだからです。例えば、すべてを捨て去り、取っておくのは布団と私物を整理するトランク一つ、ズボン2本にシャツ4枚というようなもの。

まさに今流行の「捨てる行為」に伴い、心安らぐ暖かい室内での暮らしの楽しみまでも失うのではと、不安を募らせている人も多くいることでしょう。

でも空虚感の不安はそこに留まらずにもっと先を行くのです。モノを処分した後、多くの人が自分の家ですることが何もなくなってしまうこと、退屈することを恐れています。彼らはモノサシを失うこと、ある場所、ある思い出への取っ掛かりを失うこと（何でも断ち切ることは人を不安にさせます）、生きていることを証明するモノとの繋がりを絶つことを恐れるのです。

何もなくなったら退屈するのでは？　という不安

知識とは、我々の夢を糧とする野鳥である。

イランのことわざ

所有するということは幸福と社会的ステータスを表す「しるし」であったため、最近までは多く所有することが奨励されてきました。しかし今まで一緒に見てきたように、この「多すぎるほど所有すること」が良くないということ、さらに持ち物が少なければ、それぞれのモノを大切に慈しみながら使えるようになるということも分かってきました。

深く考えるまでもありません。寝坊をするために引く窓のカーテンもないような最近のミニマリズム狂信者、隠遁者のように生きる必要は全くないのです。

シンプルに生きるとは、日常の小さな幸福を妨げている不要なモノを取り除くことなのです。料理をするもよし、掃除をするもよし、やりたければ食器を拭き、面白い小説を読みたければ、余計なことを考えずに読書に没頭すればいいし、友人をお茶に招く時間を作ってもいいのです。

何よりも大切なことは時間があるということ、そして何事も楽しみながら、まるで初めてすることのように新鮮な気持ちで細やかな配慮をしながら取り組むことなのです。持ち物は少なくても、想像力が豊かに溢れる、繊細で退屈しない「日常の生き方」を見つけてみましょう。

なにも俳優ジョージ・クルーニー氏の宣伝するコーヒーメーカーを買わなくても、ちょっとした工夫をするだけで負けず劣らずの美味しいコーヒーを自分で淹《い》れることだってできるのです。

モノは多いよりも少ないほうが良いでしょう

まるで鉄格子の中で、首に縄、足に枷をはめられた服役中の囚人のようにモノに囚われている状態を想像してみてください。モノに執着することで私たちは何を得ようとしているのでしょうか？　幸せ？　安心？　安らぎでしょうか？　残念ながら得られるものはその反対です。

今度は風通しの良いモノの少ない空間で、使い勝手の良い家具やモノに囲まれた生活を想像してみてください。長椅子、ペティナイフ、急須、どれをとっても長年使い込まれてきた馴染みのモノ、こうしたモノは、たとえ何回も読み返した本一冊とってみても、これからもあなたに楽しみを与え続けてくれるでしょう。あなたのモノサシは狂うことはないのです。

詩人アレン・ギンズバーグはこう言っています。あなたの部屋に敷いてある絨毯に2倍の注意を払って目を凝らしてみると、２枚の絨毯を持っているかのように感じるものだ、と。実際、確かにその通りで、持ち物が少ないとその一つ一つをより深く評価できるようになるのです。

少ないモノに囲まれて生活することは一つの美の形

ブルジョワのアパルトマンのように壁には大小様々な絵画を掛け、美しい装飾品で室内を飾るのが美的価値観の一つの形であるならば、少ないモノで暮らすのも同様に一つの美のスタイルなのです。要するに、人が見て「美しい」と感じるかどうかなのです。

生活を物質面においてぎりぎりまで「浄化」させてみると、自ら取る行動までもが正確で優雅、そして身軽になってきます。物事の采配《さいはい》の振り方も無駄のない実用的、論理的なものになります。このような生き方は他の生き方同様に美的な生き方と言えるでしょう。持ち物が少ないと、物事を判断したり比較したりすることにもじっくり取り組めるので、自分に何が一番合っているのかを選ぶことも容易になります。

ただの土壁でも、そこに映し出される影を見たり、窓から空に流れる雲を眺めたり、オーク材のテーブルの上にキャンドルを灯《とも》して、その炎の揺らぎを眺めたりできます。このように心安らぐ美はいくらでも見つけられるのです。

どの時代、どの文化にもシンプルと言える時期がありました

家の魅力はその個性にある。李笠翁《りりゅうおう》はその著『閑情偶寄《かんじょうぐうき》』のなかに、家と屋

内の調度に関する数章を設《もう》けているが、その序文で親しみと個性という二点を力説している。私としては、親しみよりも個性のほうがいっそう重要だと思う。なぜなら、どんなに宏壮《こうそう》できどった家をもっていても、主人が気持よく起居する特別室がかならず一つはあるはずであって、その部屋はきまって狭《せま》く、飾《かざ》り気なく、とり散らし、親しみと温か味のある部屋だからである。（中略）中国人の屋内《おくない》設備の理想は、簡素《かんそ》と空《あ》きという二つの観念から成っているように思う。

林語堂『人生をいかに生きるか（下）』阪本勝訳　講談社学術文庫

心安らぐ「純粋」なスタイルというものはどの時代にも見られました。スカンジナビアスタイルまたは日本の伝統的なスタイル、アールデコ時代、バウハウス建築、労働者たちの素朴で温かみのある住まいなど。

質素でありながらも快適な家で暮らすためには「パラサイト」と呼ばれる居候（寄食者）を追い出さなくてはなりません。美術館に足を運び、様々な生活スタイルを見比べて自分の生活スタイルに一番合っているものを見つけるのも良いでしょう。自分が理想とする暮らし方について思いを巡らせていくと、不要なモノを捨て、必要なモノだけ取っておくことが結局は「自分を幸せにするため」という、とてもシンプルな概念に基づいていることに気が付くでしょう。

処分するモノに気を取られるのではなく、取っておくモノだけに集中しましょう。まずは自分の理想とする生活スタイルを念頭に置き、その生活に合うモノだけを選んでいくようにするのです。

昔の人たちの室内の装飾品の好みが揃っていたのは、当時は選択の余地がなかったからでしょう。皆、その時代に作られたモノを購入していたからです。今日、私たちの室内が雑多で折衷的なのは、選択肢が多すぎて、本当の意味で自分に合うモノが「見えなく」なっているから、すなわちシンプルな選択ができなくなっているからなのです。

高級ブティックの人けのなさとディスカウントショップの煩雑さ

ディスカウントショップでは大量の商品が所狭しと並べられています。反対に高級ブティックではその数は限定されています。陳列されているモノが少ないからその一つ一つの洗練された美しさが私たちを惹きつけ、その高級感を少しでも持ち帰りたくなり、つい買ってしまうのです（でもそれは結局落胆に終わることが多いのです）。

あなたの家も高級ブティックの陳列に倣って細々《こまごま》とした雑多なモノを処分してみませんか。空間の魔法が日常生活の備品をも装飾品に仕立て上げてくれます。たとえ小さな掘っ立て小屋のような家でも本物の便利で快適で機能的なモノをほんの少し置くだけで、洗練された贅沢《ぜいたく》な雰囲気を醸し出すようになります。

あなたにとって大切な装飾品を5つだけ（まだ多いかもしれません）選ぶとしたらそれらはどんなモノになりますか？　置くモノを限定してみると、あなたの室内はより改善されていき、そこから新しいサイクルが始まるのです。

他人の視線を気にする不安

〝ボヴァリー夫人はもはやパリに行きたいという夢を抱かなくなった。彼女はこの小さな納屋の改装について、雨戸の色を淡いブルーにしたらどれだけ素敵だろう、との幻想を抱くようになる。――せめて足りなかった残りの5万ユーロがあったのなら……〟

ボヴァリズムは、まさにフロベールが現れた時代に、彼により見事に表現された、「悪い夢の見方」の本質、それは自分を落ち着かせることができずに自らを不安にさせる比較をすることです。

フランスのジャーナリスト、エッセイスト　モナ・ショレ『シェ・ソワ（自分の家で）』（未訳）

幸いなことに最近ではシンプルに、すなわち持ち物を減らして質素に生きる生き方は社会からも受け入れられ、むしろ「トレンディな生き方」として受け止められているほどです。でも、モノを持たないことや他の人と同じように暮らしていないことに不安を感じている人がまだまだ多くいるのも事実です。

所有することを成功の証《あかし》とみなす、このようなメンタリティーを持っている人はまだ多くいます。人様がどう思うか？　といった不安を捨てることを学ぶのは、モノを処分する以上にずっと重く、難しいことかもしれません。

ただ、モノを処分していく過程でどんどん自分の本来の姿が鮮明になってくるので、自分らしい生き方を見つけていけるのです。

持ち物は自らを語ります

持ち物は私たちの消費動向を反映するだけでなく、在り様をも表します。モノは日常の生活に役立つ以上に私たちの社会的な位置付けを示しているのです。どこの店の宝石を身に着けているか、どのブランドの服を着ているかで自分が社会のどの階級に属しているのかを周囲に見せつけている人っていませんか？　私たちは身に着けるモノやそれぞれの好み、立ち居振る舞いで自分の様々な面を見せているのです。

持ち物が少なくなればなるほど、モノで自分を表現する場も少なくなります。今まであまり考えもせずに買っていたモノを限定して、上質のモノを求めるようになったのであれば、周囲のあなたに対する見方も変わってくるはずです。

何よりも一番の変化は恐らくあなた自身、人の目を気にしなくなるでしょう。自分が身に着けているモノが上質のモノであるという自信さえあればそれで十分、人がどう思おうが気にならなくなるのです。

捨てることで人と比べなくなります

人間の現実ほどつらくて不公平なものはないということです。人は、行動ではなく言葉が権力を持つ世界に生きていて、究極の権力は言語をあやつる能力なのです。恐ろしいことです。なぜなら、結局わたしたちは食べて眠り、再生し、征服し、領土を守るようにプログラムされたサルで、だから、最も能力のある人たち、つまり最も動物的な人たちは、いつも口のうまい人にだまされ、自分の畑を守ることも、夕食用にウサギを捕まえて帰ることも、堅実に子孫を作ることもできないのです。人間は、弱者が支配する世界に生きています。

フランスの小説家　ミュリエル・バルベリ『優雅なハリネズミ』河村真紀子訳　早川書房

もちろんある種の尊厳ときちんとした身なりを維持した上での話ですが、自分の外見に関わることを切り捨ててみると、自尊心、野心、名誉、社会的地位、社交上の心配事が少しずつ減っていくことに気付くでしょう。

会社の同僚が買った新しいハンドバッグを羨《うらや》ましいと思わなくなると同時に、その同僚もあなたが最近買った指輪を羨むことはないでしょう。

人は自分よりも貧しい人たちを哀れむものですが、同様に自分よりも裕福な人たちにひどく嫉妬《しっと》するものでもあります。でも所有しているモノが限りなく少なければ誰もあなたに嫉妬心を抱くこともないでしょうし、そういうあなたが人様に嫉妬することもないでしょう。

嘆かわしいことに、多くの人が、分不相応な生活を送りたいと願い、自分が思い描く幸せのイメージに今の生活を近づけたいために、健康を損なうまで時間外労働をして無理をしています。

でも実際には、多く所有することは人の嫉妬心を招くことはあっても、そのことで他人から高い評価を受けることはないのです。

自由の秘訣は目立たない、気付かれないようにすること

人間、個人個人を見ればきっとそれなりの考えがあり、取り得もある。その個人を社会有機体の大勢といっしょくたにすれば、まずほとんどは意見も主張もなく、世の害毒がそそのかすままに付和雷同する。

イギリスの作家　ジョージ・ギッシング『ヘンリー・ライクロフトの私記』池央耿訳　光文社古典新訳文庫

私たちは無意識に人の真似《まね》をしています。日常生活で接している人の態度を真似たり、映画やテレビドラマに出ている俳優の立ち居振る舞いを真似たり、雑誌や地下鉄や通りの広告のタレントの服を真似たりもします。でも手本としたい控えめで謙虚な人を見つ

けるのは案外難しいものです。そういう人は、敢えて自分を表に出さないし、社会から一歩退いたところでひっそりと暮らすほうがずっと気が楽と思っている人たちだからです。

真のミニマリストも同じです。目立つような態度は控え、写真を撮られることや、ネット上で私生活を公表するようなこともしません。

その秘訣は？　と言えば、特別なもの、大げさに富をひけらかすようなこととは一線を画し、人目を引く派手な服装を避け、できる限り人混みも避け、持ち物も少なく、シンプルな生活を送ること。

たとえ銀行の蓄えが少なくても、それは自らが選んだ、自分のスタイルや価値観に合った生き方なのです。

自分の本質を知る一番の方法は「捨てる」ことです

長い年月持ち続けているモノ、それが何気なく自分のアイデンティティを表し、自分に寄り添っていると感じられるなら、それは今の生活空間が本当に自分自身に合っているという証拠。長い間持ち続けているモノ、時には自分で修理までしてしまうモノには自分の刻印が押され、日常生活、アイデンティティ、自分史が組み込まれるのです。そういう意味では、自我がモノの世界にまで広がっていき、反対にモノそのものも自我の内に住み着くわけです。従って、自分の内面の世界にも最低限の安定と猶予のモノサシを用意しておかなければなりません。

フランスのジャーナリスト、エッセイスト　モナ・ショレ『シェ・ソワ（自分の家で）』（未訳）

単純に自分らしくない、自分の好みや理想に合わない、と感じるモノすべてを処分してしまうこと。これこそが本当の自分を発見するための一番良い方法です。

厳しい取捨選択の結果取っておくと決めたモノは、当然自分が何よりも大切にしたいと思っているモノでしょうし、評価しているモノのはず。それは意味深いメッセージを発信し、自分自身でも、この取捨選択を始めるまでは、まさかこれが残るとは分からなかった、というモノかもしれません。

このような「モノ」は人生のテーマをはっきりさせてくれます。もし書籍ばかりを選

んでいたとしたら、本が自分の生きがいであったことが分かります。ある人にとっては
それが服かもしれません。またある人にとっては、キッチン道具あるいはカメラ、ギタ
ーかもしれないのです。
このように、順々にモノを処分していくと、自分自身に対するイメージが明確にされ、
自分の人生において一番大切にしているモノを判断する機会にもなるのです。

持ち物が少ないことを恐れてはいけません

他人の持ち物があなたから何かを奪い取ることは絶対にない。

クレオールのことわざ

このようにモノを処分しながら、あなたはあなたの本質への、もっともあなたらしい
解釈を明確にするのです。交流範囲も変わってくるでしょうし、それを気にすることも
しなくなるでしょう。コンプレックスや心配事もさほど気にならなくなり、人との交流
も今よりもスムーズになるでしょう。もちろん、人とは違う選択をした場合、違う価値

観を持つ人たちと衝突することもあるでしょう。ものの見方は人それぞれで、必ずしもあなたの見方と同じではありません。人と同じにすること、嫌なことは無理にする必要もないのです。

そういう人たちに気に入られたいから、その人たちと比較するためにあなたは要りもしないモノを買うのでしょうか？

たとえ擦り切れた古いコートを着ていても、友人をもてなす夕食には大盤振る舞いする人もいれば、ポンコツ車を運転しながらも、誰もが羨むような素晴らしい休暇を過ごす人もいるのです。

人の目を気にしないためのバランス感覚を保つコツは、境遇の異なる生き方をしている様々な人と接することではないでしょうか？　自分と同じ消費行動をし、同じようなものを食べて暮らす閉ざされた社会で生活する人とのみ付き合っていると視野が狭くなっていきます。定期的に、自分とは全く異なる生活をしている人の世界を覗《のぞ》いてみると、自分が享受しているモノに感謝する気持ちが湧いてくると同時に、幸いにも背負い込まなくて済んでいることがあるのにも気付けるでしょう。

変化することへの不安

最初の一歩を踏み出しましょう

あなたが人生の最初の一歩を踏み出したら、人生はあなたに向かって十歩踏み出すでしょう。

良識についてよく語られる格言

変化はあなたを不安にしますか？

自分の習慣や性格は変えられないとよく言われます。しかし、想像以上に私たちは人生の流れに沿って変化してきているのです。

最近しばしば見かける、家にモノを溜め込み、ゴミ屋敷にしてしまうホーダーと呼ばれている人、そうしてモノの下敷きになって命までも失う人がいますが、そのようにならないためにも、今後は、自分のバランス感覚と幸せを危険に晒《さら》し得るモノ、今の自分に必要のないモノは処分する習慣をつけましょう。

これを即座に実行に移せるようになればなるほど、あなたは新しい次元に進化し、変わっていきます。あなたが現在理想とする生活により近いものになってくるでしょう。

モノを処分できない自分からの解放

この時間性の認識において、人生は私たちをこの上ない身軽さに招くのです。

フランソワーズ・レヴェイェ『身軽に旅するためのミニアドバイス』（未訳）

私たちの身体には、生命を維持するために身体の均衡を自動修正するシステムが備わっています。モノを処分することは、前にもお伝えしたように、モノを厳選していくことで、モノと自分を結ぶ繋がりを再検討することを可能にします。

すると「私」という軸がより鮮明に、正確になってくるため、不要なモノが滑稽《こっけい》に見えてくるようになるのです。

現在の「私」は必要なモノしか持たない。それは身体がその時々の自分の体調に適応するのと同じで、必要としないモノを拒絶するのも、あなたの気持ちに関係なく自動的に行われるようになってきます。今後あなたは必要なモノだけを、それを必要とする時に購入するようになっていくでしょう。

そういう訳で、「捨てられない古い自分」と別れて、あなたは解放されるのです。不安におののくのではなく、別のあなたになる訓練をしましょう。

「不安がある」ということは、自分が自分自身ではないということ。それは自分にとって何が大切なのかをはっきりさせる術《すべ》を知らないということです。

人生は常に私たちに傍観者から当事者になるよう呼びかけています。要らないモノを処分し、身軽になることでその変化は遂げられるのです。

現在の一瞬一瞬を目一杯生きること

「いま、この瞬間」と友達になると、どこにいようと、あなたは「我が家」にいるような、平和な気分でいられます。「いま」のなかで、我が家にいる気分がしないなら、どこに行こうと、なにをしようと、居心地の悪さはついてまわります。

エックハルト・トール『世界でいちばん古くて大切なスピリチュアルの教え』
あさりみちこ訳　徳間書店

私たちはいつも手さぐりで人生を歩んでいます。過去の後悔を支えに、未来に希望を抱きつつも現在の生活に心底満足できずに、内面の生き辛さをなんとか誤魔化《ごまか》しながら日々を送っているのです。

ところが未来は現在の上に構築されていくものです。将来の計画に焦点を定めることは建設的な進め方かもしれませんが、それを実現させるためには今のこの一瞬一瞬に目一杯のエネルギーを注入するべきです。

過ぎ去った時間は取り返せません。これは周知の事実です。それなのに私たちはあたかも後戻りできるかのように生きています。過去に犯した過ちのために罪悪感を抱くことは無意味なこと。これは非生産的で思考を硬直させます。罪悪感が妨げになるのであれば、そこから回復するための唯一の手段は、現在を充実させて生き続けることなのです。

そのためには私たちが長い間ずっと隠れ蓑《みの》にし、その後ろに隠れて生きてきた不要な持ち物を処分することを受け入れないとなりません。

そうして本当に生きたい人生を歩み始めるためにも、これらの嵩張《かさば》るモノたちは消えてなくなるべきなのです。

過去への執着、将来への不安を断ち切ります

自分の過去への執着、あるいは将来への不安、そうした思いからどうしても手放せないモノもあります。そのモノを前にして自分との関わりの傾向をみてみましょう。

所有するモノと自分との関連性を理解することは人生を導く様々な価値観の中でももっとも大切なことです。

あなたが所有したいと思うモノを通して、あなたが求めている生活様式も表現されます。過去への執着、将来への不安は私たちの選択を支配するばかりか、人間関係や仕事におけるものも含めて、私たちが様々な分野で下す決断の基準にも影響を及ぼします。

モノを排除しながら自分が変化していくのを受け入れることで、考え方や生き方が修

正されていくことになり、それはとても良い効果をもたらしてくれるのです。

今のあなた自身に必要のないモノはすべて取り除きます

シンプルな生活とは、現在のその先について「考えない」というのではなく、むしろその反対で、今という瞬間に生き、また将来的に何かが必要になった時に、その対処法は分からないままでも「自分で何とかする」と自分を信頼して生きていくことなのです。

持ち物は、私たちを過去や思い出にリンクさせます。これは硬直した痕跡です。こうした痕跡のいくつかを手放すためには、「過去は消え去り、未来はまだ存在しない」という事実を受け入れなくてはなりません。

モノを取っておくか否かを決めるために考慮すべき判断基準は、唯一「今」なのです。今というこの瞬間をしっかり捉えるために、「目覚めて」いましょう。

さらに、一つのモノを一生持ち続けたいと思うのも止めましょう。そうすることで、そのモノに対する過剰な愛着から解放されます。

もちろん、いくつかのモノをずっと持ち続けたいと願うことはできます。それらが希少なモノであればなおさらのこと。

私はかなり前から持ち物すべて（と言っても、もともと少ないのですが）を未練なく、きれいさっぱり手放せるようになっています。その私がどうしても手放せないモノはたったの三つ。ハンドバッグ（もちろんその中身も）、中国墨絵の掛け軸（霧のかかった山の景色と水流の絵。眺めるのが日課となっています）、お気に入りの急須（長い年月の間、茶葉の味が染み込み、使い慣れているため何物にも代えがたい急須）です。

それでも、万が一失《な》くしてしまったとしても取り替えられると思っています。

必ずしも必要でないモノすべてを手放します

私にとっては過去も未来もどうでもいい。私は今を生きている。

ラルフ・ワルド・エマーソン

こうすることで、自分の内面のより深い部分を知ることができ、不思議と自分の生活態度を修正したくなるでしょう。モノと向き合うことは自分自身と向き合うことです。

「あなた」ではないモノ、今使用していないモノを捨てることで、あなたは今まで埋もれていた本当の自我を「発掘」するかもしれません。

誰もあなたの家に泊まりに来ないのに、どうして枕を3個も取っておくのですか？　か細いあなたの手首にはアクアパッツァ用の重い大皿は負担になります。どうしてまだ取っておくのでしょう。「今の自分に完全に合っている？　相応《ふさわ》しい？」と、自分に問い質してみてください（これはまだ使える？　という質問はNGです）。

注意はあなたに向けられるべきで、モノにではありません。

二つ目の質問は、「これは今の私の役に立っているか？」です。

何よりも、モノとあなたとの間に生きた関係が成立している必要があるのです。

私たちのほとんどは似たり寄ったりで、実にたくさんの持ち物に囲まれて生活しています。そしてこれらの持ち物を処分できないでいるのは、ただ単にこのように自分に問い質す時間がないか、あるいはそれをするエネルギーがないかなのです。

さらば「万が一のため」

人生は絶対に静止しない。あなたが前進しないのなら、後退しているのだ。

ドイツの格言

時間とは「今」の連続に過ぎません。更新し、置き換えられながら継続していくのは一つの新陳代謝の形です。私たちの感覚は、こうして新しいモノが自分のところに入ってくるたびに研ぎ澄まされていくのです。

そうなりますと、もはや過剰なモノに取り囲まれて生活することを望まなくなります。例えば年に1、2回の来客のために食器や布団を取っておくことは将来を見据えて生きていること、今を生きていることにはなりません。

でもあなたは実に多くのモノを、数えきれないほどの〝万が一〟のために蓄えてきました。

この〝万が一〟に別れを告げてみませんか。

そうすることであなたが後悔することは何もないでしょう。たとえ〝万が一〟、ある日何かが不足する事態になったとしても、あなたはきっと解決策をしっかり見つけ出せるようになっているはずです。

すべて「仮の姿」に過ぎない

10年後、20年後のあなたは今と同じ「あなた」ではありません。それは私にしても同じことが言えます。実際、その時が来たら、私たちは今と同じモノを好み、同じモノを必要としているでしょうか？

今現在必要としているモノで満足し、10年後は「今」とは違うことを認識する知恵を持つべきでしょう。

例えば所有しているモノ一つとっても、それを一生持ち続けるなどとは考えないことです。私たちは自分の所有物の約2割しか使っていないと言われています。残りの8割は将来を見越しての蓄え、または過去の思い出の品々だそうです。

そういうわけで、日々使うモノと例外的に特別な機会に使うモノ（例えば結婚式などで身に着ける真珠のネックレスなど）のみを取っておくようにしましょう。

とは言え、後は全部捨てなさいと言っているのではありません。使用する頻度が低いからといって、そのモノとあなたの関わりがないと見るのは間違いです。スキー板、扇風機などは使用期間が限られてはいますが、必ず使います。そういうシーズン物は取っておきましょう。その半面、例えば昔はいていたジーンズが出てきたとしても、こちらは処分すべきでしょう。昔とはあなたのスタイルが変わってきているからです。

小さいモノから捨てます。自然に捨てられるようになりましょう

「捨てること」、これは「癖」になります。捨てれば捨てるほどもっと捨てたくなるのです（捨てる行為は病みつきになります）。日本の有名なイチロー選手はこう言っています。小さな勝利の積み重ねこそが、信じられないほど大きなことを成し遂げる方法である、と。従って、小さなモノから始めましょう。目に付かないモノからより目立つモノへ、小さなモノから大きなモノへ、と。手始めに小さな引き出しの中の要らないモノを捨てましょう。取り組み方は大も小も全く同じなので、小さいモノから徐々にクレッ

シェンド、段階的に大きなモノの処分に挑戦していくと良いでしょう。捨て方は、最初は捨てる間隔を空けてゆっくりとしたペースで取り組みます。そうすることでモノが消えていくことに自分自身を慣らすのです。モノがなくなり、そのすっきりする感覚を知ると、今度は「変えたい！」という欲求の火があなたに灯されます。段階的に、引き出し、お財布、キャビネット、物置、滅多に開けない収納ケースを開けて、要らなくなったモノを捨てていきましょう。今まで絶対に無理と思っていたこの捨てる作業が今度は止まらなくなるでしょう。まずは規模の小さいモノでその効果を味わうと、その先へ進みたくなるのです。

1回目の大整理の後には必ず2回目を行います

モノを処分した後の効果は時間と共に表れてきます。不思議と1回目の「粛清」で生き残ったモノたちは2回目の時にはさほど必要なモノには感じられなくなるものです。

それ故に、定期的に処分を行うことをお勧めします。1回目の大整理の後、しばらくしてから再度戸棚やクローゼットの点検をしてみてください。すると自分の持ち物を新たな目で見られます。最初の大整理で得られた「少ないモノで暮らす喜びと解放感」があなたの「捨てたい」という気持ちを刺激して、さらなる「粛清」の後押しをしてくれるはず。そして回を重ねるごとに容易にモノを捨てられるようになってきます。「人は鉄を鍛えることによって鍛冶屋になる」ということわざにもあるように、訓練を積んでこそ捨てる技も一人前になってくるのです。

一発勝負のような大整理ではなく、たとえペースはゆっくりでも定期的にモノを処分していくと、一日にモノを1個捨てるだけでも、数か月後には大きな違いが出てきます。自分に寛容になりましょう。そして1回の週末で大整理をやりきるというような大それた考えは抱かないことです。

思い出の品を失うと後悔するかもという不安

思い出の品々は私たちを今よりも幸せにしてくれますか？

モノを処分したことを「気にしないこと」、これに限ります。後から「あれは必要だったかも？」と自問するのも後悔と同じことですね。必ず捨てたモノのうち一つや二つは捨てたことを後悔するものです。しかし、それもあなたがこれから発見することになる新しい生活と比べれば、微々たる損失にしかならないでしょう。

捨てようとするモノの中で、もっとも捨て辛いモノの順位でトップにくるのはやはり「思い出」の品でしょう。でも、これらの品々は私たちの現在、そして将来の幸福に必要でしょうか？　私たちの記憶に、また子供たちにとって必要でしょうか？

あなたはこの地球上に自分が通り過ぎていったその痕跡を残したいと願いますか？　それともそんなことは願わない？　それはどうしてですか？

思い出の品々は死生観や遺産に関係しがちです。それ故にそれぞれの意識によって変化する複雑な問題です。何を取っておいて、何を捨てるか？　この問い掛けの答えは各々のこころの中に見つけるものです。ただし、自分一人で事を進めないで、他の人の意見を聞き、共有することも助けになるでしょう。

こだわりのあるモノや思い出の品々はどうしますか？

手帳や家計簿などはどうしましょう？　ある日突然あなたがいなくなった時に他人の目に晒されてもあなたは平気でしょうか？　まず、あなた自身、これを何回見直していますか？

これらの品の処分を決断したあなたは自分の限界を乗り越えたアルペンスキーヤーの気分になるでしょう。それは自分を超越した気分のはずです。

では写真に関してはどうしましょうか？　こちらも厳選した写真を数枚取っておくだけで十分です。決して開けることのない段ボール箱一杯の写真よりも少ない写真を繰り返し眺めるほうがずっと価値があります。

写真が持つ意味は、それを眺める時にその写真が与える感動、喜びにあるのです。大切にするべきものは思い出ではなく、その過去の経験のおかげで今日の私たちが在ることなのです。

私たちが思い出の品を溜め込み、すべて取っておくのは、どんどん過ぎていく時間に対して何かしらの不安を覚えているからかもしれません。

果たして私たちは時間を遅らせること、何よりももっとも恐れている「死」と向き合う時間を遅らせることを願っているのでしょうか？

コレクションはどうしますか？

世の収集家たちのほとんどは全身全霊、彼らが集めるコレクションの虜《とりこ》になっています。感情面、金銭面から見ても収集物に依存しているといえるでしょう。コレクションには値が付きます。中には高価なコレクションもあり、物理的なスペースのみならず、メンタル面においても私たちを占拠し、さらにそれらが古くなればなるほど、私たちのアイデンティティが遂げてきた長年の変化、その変化のサイクルを反映したものになってきます。

これは当り前のことですが、私たちの個性も時代と共に変化していきます。あなたのコレクションは今のあなたのどのような面を反映していますか？　今のあなたの現実を表しているでしょうか？

このコレクションを処分する、誰かにあげてしまう、売る、価値のないモノなら捨ててしまうことで荷を軽くしたいと思ったことはありませんか？

私たちが今、ここでできる最良のことは、人生のこの一瞬を、モノを溜め込んだり何かを達成することよりも、より有意義に満喫するのに費やすことではないでしょうか？

コレクションには終わりがありません。それを完成させることは絶対にできないでしょう。それならばなぜ続けるのでしょう？　あなたは50個以上もある卵立て、または梟《ふくろう》の置物を処分したからという理由で、不幸のどん底に落ちてしまうのでしょうか？

人からもらったプレゼントはどうしますか？

プレゼントとは、しなければいけないという義務感、あるいは罪悪感、または人の期待に応《こた》えるためにするものです。これは人の気持ちを仲介するものです。このような見方をすることで、頂戴したプレゼントを処分することに罪悪感を抱かないようにするべきです。プレゼントを贈られて、それを喜びと共に受け取りました。これでその役割は立派に果たされているのです。

思い出の品々と向き合う時、あなたはどのような感情を抱きますか？

実際にその思い出の品を手に取り、あなたは何を感じるのか自分に問うてみてください。何か強く訴えかけるものがありますか？　そのモノは喜びを与えてくれますか？　それを取っておくことが喜びよりもむしろ気苦労をもたらしたりはしませんか？　あなたはそのモノにまつわる物語を勝手に創作してはいませんか？　思い出の美しさはこころの中にあれば十分だとは思いませんか？

少ないモノで生きることは、より自由になることでもあるのです。私たちが所有するモノは私たちを過去に繋ぎ留めます。モノが私たちを所有するのであって、その反対ではないのです。それが人生をポジティブに捉えることを阻むのです。昔の信仰の名残、受け入れがたい土着信仰、センチメンタルな思いや迷信等が絡んでくると、私たちとモノとの関わりは主観的な意味合いを持ち、複雑になってきます。

本当にこの品物が私たちを守り、インスピレーションを与えてくれるのでしょうか？それはまるで偽宗教の古い世界です。

このようなモノの支配や私たちの感情的な部分を切り離し、人生を支えてくれているのは過去のモノではなく、こころの中でずっと生き続けているその思い出であることを自覚するべきです。

過去の持ち物は停滞するエネルギー

人間の完全さはその在り方にあり、その者の所有物に在るのではない。

アイルランドの作家、詩人　オスカー・ワイルド自分の将来を変えたいと思っているのなら、自分の存在に対するビジョンを変えなければなりません。こころの動きにも十分注意を払うべきです。過去の持ち物は現在のあなたの活力を堰《せ》き止める静止したエネルギーです。思い出の中で生きることは、私たちが願う「再生」にブレーキをかけることなのです。

モノに執着しなくなると、モノを処分することも受け入れられるようになります。モノを処分することに痛みを感じるのであれば、それが苦しみの源だということが証明されます。

手始めに悩まずに手紙、旅行先で買った思い出の品、年賀状、古い手帳などを処分してみましょう。これらは捨てるのが難しいモノばかりです。でも少しずつ取り組めば、次第にできるようになります。

大切なのは「今」なのです。ご先祖様たちはモノも写真もあまり持ってはいませんでした。それでもそれほど悪い人生ではなかったはず。幸福、あるいは同じくらいノスタルジックな人生だったのではないでしょうか。

将来のことを考えた時に勇気を与えてくれるモノだけを取っておきませんか。

実際には神聖なモノなど何一つない

僕らは二人とも灰のように軽く、火であぶった竹のように固かった。

スイスの写真家、作家　ニコラ・ブーヴィエ『日本の原像を求めて』高橋啓訳　草思社

日本のミニマリスト、辰巳渚は、年齢に関係なく、神聖なモノは何一つない、モノの本当の価値とも何の関係もない、と語っています。手紙、写真、本（献呈本に限らず）、特別な思い出の服、神聖とされる食べ物（日本人にとっての米、キリスト教信者にとってのパン）など、これは私たちの社会、先祖、宗教、教育が神聖なモノと定めただけのこと。そして、どのようなモノでも、結局自分だけが自分にとって何が神聖かを決めることができるのです。他のモノは迷信でしかないのです。

何かを神聖化することはそれに依存することを意味します。

写真のアルバムを取っておいても、それを全く見ないのであれば何の意味があるでしょう？　結婚指輪も嵌めなければ意味がありません。あなたが死んだ時、これらのアルバムも結婚指輪もただのゴミになるだけです。あなたの人生が続いている限り、このよ

うなモノの責任を負うのではなく、自由でいたいとは思いませんか？

過去は過去、過去を引きずらないこと

あなたは自分の将来のために思い出が必要でしょうか？　もしそうであるならば、それはどうして？

私の友人の一人は彼女の大叔母のオペラグラスをどうしたものか悩んでいました。このように次の世代を家の相続等で縛る権利が果たして私たちにはあるのでしょうか？　確かに自分の出生、曽祖父母が誰なのかを知ると安堵《あんど》するかもしれませんが、実際の問題として、その人たちの足跡はどこまで保存すれば良いのでしょう？

手紙、遺品、写真といった思い出の品々だけでは十分ではない場合もあるでしょう。私は特に口述で物事が語られ続けるべきだと思います。しかし、もし過去が辛いものであるのなら、闇雲にそれを再現することもないのでは、とも思うのです。

確かに過去を知ることは現在を理解するために役に立つかもしれません。でも必ずしもそれがあなたを幸福にするとは限りません。逆に過去の出来事をいくつか忘れてしま

ったとしても、それは忘れてしまうほど重要ではないということ。物質的な裏付けがなくても、こころの内に取っておく思い出こそがもっとも価値があるのです。

幸福とは私たちが日々築いていくもの、決して戻ってはこない時間を取り置くことで得られるものではないのです。過去は時として辛く、重く、邪魔なものでもあるのです。

この今という時間を有意義に使うほうがより身軽でいられるはずです。

誰もこのようなデリケートな問題にアドバイスすることはできません。でも想像してみてください。あなたが持っているモノ（写真、ビデオ、思い出の品々）すべてが火事や津波、あるいは洪水で一瞬にして消えてしまう場面を。たとえ万が一、そのような事態に遭遇することになったとしても、あなたがこれからも生きていくことが妨げられることはないのです。

このような品々には思い出が詰まっていて強力なエネルギーを発し、こころを惑わすパワーがあり、それが処分することを難しくしていると考えてみてください。

あなたのこれからの人生、このパワーに勝っていけるのか、それとも打ち負かされるか？　これはあなた次第、あなたが決めることです。

失敗を認め悔いることは人を成長させます

どうしてこのようなモノを買ってしまったのか自分に問いかけながら、失敗を認め、そこから「成長」することを学んでください。

モノを処分しながらも自分自身についてたくさんのことを学べます。自分が好きなモノ、自分の弱点、真の価値等、まさに「過ちを後悔したこと」がこれらを教えてくれるのです。

第3章

「決断する」という技

決断とは習得するもの

決断には訓練が必要です

決断することはスポーツに似ています。訓練が必要なのです。

ここでは日常的に私たちが行っている、さほど重要ではない小さな決断についてお話しします。私たちは毎日何百もの決断をしなくてはなりません。今日はどの服を着る？　今日の定食屋のメニューはどれにする？　○○さんには何時に電話したらいいかしら？　このメールにはどのような返事を出せばいいかしら？　という具合に。

そしてそれぞれの決断に、時間とエネルギー、それを実行に移す労力が費やされるのです。

従って、正しい決断をスピーディーに下せるように訓練を積みましょう。でもその前に、下さなくてはならない決断の数を減らし、軽くすることから始めましょう。

雨の日のために持つレインブーツは1足だけにしましょう。モーニングコーヒーを淹れるマグはいつも同じ場所に「在る」ようにしましょう。特に、このような小さな選択が朝から晩まで、あなたの精神と潜在意識のスペースを占領していることに気付くことが大事です。持ち物が少なければ少ないほどこうした小さな選択の数は減っていきます。

年がら年中決断を迫られている状況は人をウンザリさせます。大企業の社長がいつもイライラしているのもよく分かります。

決断の中でも、招待を断る、まだ価値のあるスタンドランプを捨てるといったものは殊更不愉快な決断です。

決断することは根本的な選択をすることを意味しますが、決めかねている時は選択が間違ってはいないだろうか？　と悶々《もんもん》とし、それが神経を疲れさせます。

覚えておいて頂きたいのは、決断することは訓練の問題であって、筋トレと同じ、ということです。

痛みの少ないモノから始めてみます

要らないモノを処分することであなたの人生から複雑なものを切り捨ててごらんなさい。困難なことが自ら消滅していくでしょう。

アメリカの博物学者（自然主義者）、写真家　エドウィン・ウェイ・ティール

〈エロディ・ジョイ・ジョベール『ミニマリズム的生き方』〈未訳〉に引用されていた文章〉

徹底した身辺整理をしていく中で、おそらくもっとも難しいことの一つが、この「決断を下す」ことでしょう。なぜかと言えば、「処分する」ことは処分を決断することであって、これも一つの選択だからです。

モノを溜め込む人がよくため息をつきながら「どうしたらいい？」「どの料理にしましょうか？」「返事は後でするわ」と言っていることにあなたは気付いていますか？

間違いを恐れることは人を麻痺させ、まさに「間違わないために」行動を起こすことを阻むのです。

歩き始めの赤ちゃんは転びます。でも転んでは起きる、を繰り返していくうちに安心

を勝ち取り、進歩するのです。前に進むダイナミズムはとても重要です。筋力を増し、少しずつでも強くなっていくからです。

あなたにとって決断を下すことが難しく感じられても希望を失わないように。これは訓練し、学習することだからです。

まずは、理想的な決断などはないと思うことです。相対的に「最良な」決断、または「ましな」決断があるだけです。

手始めに、たとえ間違った判断をしたとしても「たいしたことはない」と思えるものから始めてみましょう。

例えば欲しくもないのに買ってしまったヨーグルトを捨ててみる。さあ、捨ててみてどのように感じましたか？　ほっとしましたか？　それとも誇らしい思い？　あるいは罪の意識を感じましたか？　そこで得られた結果の良し悪しに沿って、パワーアップしていけばいいのです。

紙に処分したいと思っているモノのリストを書き出し、痛みの少ないモノから捨て始めるのです。少しずつ、辛い思いをすることもなく、要らないモノを処分する決断が下せるようになってくるでしょう。選択をする（決断する）ことが少しずつあなたにとって当り前のことになってきます。

過去の間違った判断が、現在のモノの溜め込みを招いています

モノを持ちすぎているのは、私たちの良識が狂ってしまっているからです。一人暮らしの人の歯磨き用のコップに使いかけの歯ブラシが5本も差してあることが普通ではないことを、当の本人は気にならずに受け流していることと同じです。

身の回りの余計なモノを処分できない数ある理由の一つに、「感情的な目だけでモノを見ている」というのがあります。このウサギのぬいぐるみはどうしてこんなに可愛いの？　サイドボードの上に飾ってある私の子供たちの写真はなんて素敵なの？　という具合に。

これからはより論理的に、すなわち良識に照らして、このような過去のモノや不必要なモノとは一定の距離を取り、別な角度から見てみると良いと思います。

迷いから解放されるために捨てます

取っておくか、捨てるか、この分別作業をしながら、あなたはそのモノがなくても生きていけるかどうか自分に問い掛けてみましょう。答えは自然に出てきます。もし迷いがあるのなら、「使わないモノを処分する辛い決断を下すことよりも、それと今後一緒に生活するほうが私にとってはずっと難しいこと」と自分に言ってみるのです。

もちろん、後になって捨ててしまったモノがやはり必要だったと気付くこともあるでしょう。でも99%、あなたはそのモノのことを考えなくなります。良い決断を下せるあなた自身の力量に自信を持ってください。

私は以前、全く同じサイズの鍋を二つ持っていました。でも本当は一つあれば十分だったのです。二つの鍋をどうするかということよりも、私が処分したかったことは、料理をするたびにどちらの鍋を使うか悩むこと。この迷いから解放されたかったのです。どちらもそれなりの値段の高級鍋でしたが、私はこのうちの一つを友人にプレゼントし、その友人は彼女の古くなった鍋を代わりに一つ処分しました。

いくつかの質問を自分に投げかけてみましょう。

・ここから2分で逃げなくてはならないとしたら、私は最初に何を手に取る？
・あと20分でここから出なくてはならないとしたら、何を持っていく？
・広さ20平方メートルのワンルームに引っ越す場合、今の家から何を持っていく？
・引っ越しの際、これはわざわざ梱包して運び、新居で荷解きするだけの価値のあるモノ？
・果たしてこれは今の私が必要としているモノ？
・これを私は飾り棚に飾ってみたいと思う？
・私は心底これが好きでたまらない？　それは本当？
・これは私にとって便利なモノ？
・これは私にとって心地よいモノ？
・使い勝手が悪すぎはしないか？
・洗ったり掃除したりが大変ではないか？
・残りの人生、これと一緒に過ごす自分をイメージできる？

・これを捨てた場合に起こり得る最悪の事態は？（即答できないならば、これはあなたにとって必要のないモノです）
・法的または財政的な理由で取っておく必要のあるモノ？
・これを使うたびに私をイライラさせるのは何？
・私の本棚でお気に入りの本を10冊挙げてと言われたらどの本を選ぶ？　それはどうして？
・これと同じモノを安く簡単に手に入れることは可能？
・これは私に完全にマッチしている？
・これはもしかして他の人たちをあっと言わせるためのモノ？
・もしこれを失くしたら、私は再度同じモノを買う？
・同じモノを見つけるのは大変？
・洗面所に置く化粧品を五つだけにするとしたら、それは何？
・私のお気に入りの服10着はどれとどれ？
・ローマで1週間過ごすための手荷物は一つだけと言われたら、そこには何を入れたらいい？

決断を鈍らせるブレーキ

一番に取っておきたいモノが、一番の障害となります

彼に不足しているもの――うまく表現できない感じではあるのだが、それはモノそのものよりも、モノが彼の日常生活の中で構成していた基準であった。

イギリスの劇作家、小説家 アラン・ベネット『ランサム夫妻を裸にする』（未訳）

何を取っておけばいい？ 何を捨てればいい？ と考えるあなた。でも真っ先に頭をよぎるモノは「絶対にこれだけは捨てられない」と思うモノではないでしょうか？

ところが、まさにこの手のモノがあなたの徹底した身辺整理の進展を妨げているのです。例を挙げれば、読書家のあなたにとっての「本」。流行に敏感な人にとっては「衣服」かもしれません。料理好きで家に人を招く機会が多い人にとっては「食器」でしょ

うか？

何を処分しようかしら？　と自分に問いかけながらも、あなたは無意識に「これは取っておく」というところから始めているのです。

このように、選別作業を始める前から自分自身でその作業を打ち切っているのです。

あなたは自分が好きなモノ（または好きだと信じているモノ）がそれを処分しようとする意欲にブレーキをかけていることを受け入れられないでいるのです。

ライフスタイルに自信を持てない人がモノを溜め込みがちです

モノを溜め込むことで苦しむ人の多くに見られる原因の一つは、自分が思い描くライフスタイルに自信がないことです。そのスタイルが定まらないために、その家に合う、合わないにかかわらず、選別されずにモノが溜まっていくのです。

自分のライフスタイルが確立している人は、室内のインテリアも、身に着ける服も定まっているため、合わないモノを買う無駄もありません。私の友人のジャン・ミッシェルはシンプルな室内に、ワードローブ、食事に至るまで自分らしく管理しています。持っているＴシャツの枚数さえも把握しており、擦り切れたら買い足すようにしています。また日常の様々な機会に着る服もそのＴＰＯに合わせて見事なコーディネートを見せてくれます。

「後でゆっくり考える」は避けます

私たちの持ち物のほとんどが、私たちがしてきた「選択」の結果です。従って、よく選別することもしないで慌てて処分してしまうことは自分の過去を消去、隠蔽《いんぺい》することになってしまいます。そういう意味からも、考えなしに処分してはならないのです。

自分の持ち物と向き合うには三つのアプローチがあります。

「今向き合う」「いつか向き合う」「死ぬまで向き合うことを避ける」です。

この選択は私たちに課されたものです。当然ながら、待つことは何の役にも立ちませんし、それはあなたが望んでいることではないでしょう。そうでなければ、あなたはこの本を手にしていないはずですから。

それならば、「今向き合う」ほうが望ましいということになります。たとえそれがメモ用紙を入れている小引き出しを整理することだとしても。

もちろんあなたは、なにも今すべてを選別する必要はありません。でも身辺整理することをこころに決めたのであれば、さらにあなたの注意が何かに向けられたならば、時間をかけて、それを頭の隅に留めて答えを出すようにすればいいのです（努々《ゆめゆめ》また箪笥《たんす》の奥に仕舞い込んだり、意識の奥底に葬ったりしないこと）。そのために、3日、最長で1週間という期間を決めましょう。

処分方法がおのずと示される時もあります

モノを処分できるようになるための一番重要な動機となるのが、「限りなく少ないモノで生活したい」とこころから願うことです。そのようなジレンマが生じた場合、わずか数日で解決策が浮かぶこともあります。

私は新品で値段も高い高級ハンドバッグを一つ持っていました。とても気に入っていたのですが、なぜかそのハンドバッグを使うことはありませんでした。私はそれを捨てることも、売ること（ある職人によるノーブランドの手作りのバッグだったのです）もできずに悶々としていました。どうしたものかと考えていたら、突然ハンドバッグが大好きと言っていた友人の顔が脳裏に浮かんだのです。そこですぐに決断。私はそのバッグを梱包し、その友人宛に郵送したのです。

解決策を求めて思いを巡らせていると、その思いがまるで種となって頭の片隅に根付き芽を出すかのように、ある日突然名案が閃くことがあります。

運命を信じてみましょう。何とか処分したいとこころから思っていてもその手段が思いつかない場合、運命が最良の解決策を授けてくれることがあるのです。これは魔法のようです。

迷いが1分以上続くようなら、必需品ではないという証拠

これは何回も経験したことです。処分を迷うモノを目の前にしてその迷いが1分以上続く場合、そのモノは本当に必要ではないということ。例えば歯ブラシや櫛を前にしてこのような迷いは出ないはずです。素早く決断を下せるようになるためにもラ・パリス

の真実（自明の理）をこころに留めておいてください（ラ・パリスは16世紀フランス、フランソワ一世の時代、パヴィアの戦いで戦死した将軍。彼の武勇を称《たた》えた歌の一節に「死の直前まで生きていた」と分かり切ったことが綴られていたことから、当り前のことを言う時にラ・パリスの真実“la vérité de La Palisse〈La Palice との綴りも有り〉”と言うようになったそうです）。

捨てる？　という考えが脳裏を5回よぎったらそれは要らないモノ

私たちは一日のうちにおおよそ6万回も思考をすると言われています。それも四方八方に分散される思考で、「このコップをシンクに持っていかなくては、歯磨きをしたい、誰々に電話をかけなければ……」というようなまとまりのないものです。

あるモノを捨てる決断までには至っていなくても、知らないうちに「捨てたい」と数十回くらいは考えていたかもしれません。もし、意識的に捨てたいと5回思うことがあれば、もはや迷うべきではありません。あなたの決断はすでに無意識のうちに行われていたことになります。

万人にとって便利なモノはありません

「確かにこの商品は便利に違いない。でもそれは他の人にとってであって、私には何かイライラさせるものがある」。一般的に「便利」と言われているモノについて迷いがある時には、このように問い掛けをしてみてください。

これほど「便利」と言われているモノに囲まれているのに、あなたは実は不便な生活を送っていませんか？

この「便利」（または「美しい」「心地よい」「人間工学的」でも構いません）の概念を壊すことができれば、その見せかけだけの価値観がいかに主観的なものなのかが分かるでしょう。

ただ単に「要らなくなったから」と言って友人がプレゼントしてくれたジューサー、庭の木の高いところの枝を切るための柄の長い剪定《せんてい》のこぎり、情報処理に詳しい同僚ご推薦だけれども自分には全く使いこなせないパソコンソフト等の中で、用途がはっきりと決まっているモノ、例えばハサミ、ドライバーというようなモノだけを取っておくようにしましょう。

また、友人のアドバイスにも気を付けましょう。彼らが「便利」と感じるモノが必ずしもあなたのそれと同じではないからです。自分にとってはそれがただの場所を取る邪魔者でしかない、ということもあるのです。

迷いが出る前に、勢いに任せて捨てるのも一策

このスパイス、香りが飛んでいる。あら、スカーフに虫食い穴を見つけた……。あっ、と思った瞬間に捨てましょう。

傷みの激しいモノ、使えないモノ、明らかに不要なモノには、その場で別れを告げましょう。考えずに処分して、他の物事にコマを進めましょう。

一杯になったゴミ袋はすぐに捨てに行きます

捨てるモノで一杯になったゴミ袋をゴミ収集所に持っていった時の解放感といったら……。

ホッとして身もこころも軽くなる感じがしませんか？　多くの人にとっては嫌な仕事であるこのゴミ捨てが私は大好きなのです。特に長い間処分するのに迷っていたモノを漸《よう》く処分できた時（周囲の目には無駄遣い、もったいないと映るようなモノを処分した時）、ゴミ収集車のバケットの中に消えてしまったら、どのみちもう回収はできないのです。諦めもつくというものです。

優柔不断な人たちのために

すぐにはなれない、即断できる人

あなたも最初は捨てやすいモノから処分していくと思います。でも選別しなければならないモノのボリュームに比べれば、捨てやすいモノの量はたいして多くないことはすぐに分かるはずです。

「迷っている間にもモノは増え続けていく」と自分に言い聞かせるべきでしょう。そして迷っているうちに気持ちも参ってくるので、「何も捨てることはない、とどのつまり取っておいたって構わないのでは」と開き直るかもしれません。

こんなふうでは、あなたの部屋を自分が思い描くようにすっきりさせることなど絶対に無理でしょう。

でも心配するには及びません。

人間には二つのタイプがあります。決断することが早く簡単にできる人と、反対にもう少し時間をかける必要のある人です。人はそれぞれ違います。

ここでは時間をかける人たちが、少しでも早く身辺をすっきりさせる作業を進められるよう、いくつかアドバイスをさせて頂きます。

取っておきたいモノの基準をリスト化します

その基準は、色、形、素材、期限というものでもいいかもしれません。ただし具体的に。例えば「花柄や縞柄はなし。四角い形か丸い形だけ」というように。

または、食品を保存する容器にプラスティック製品は使わない、室内インテリアにおいてもプラスティックは除外する、というようなもの。

または「あと1回だけ使って12月31日にきっぱり捨てる」というような約束にしても良いでしょう。

「半年後」「本当は好きではないけれど、かといって気に入っていないということでもない」という言い回しは曖昧すぎます。

あなたのお気に入りではなくなってしまったモノ、持ち続けることが嫌になったモノをあと何回使って処分するのか、その回数もきっちり決めるのです。

そうすることで、その品物が完全に使い古しになる前に手放せます。

でもモノを処分する場合、大抵「あと1回」の方法で事足ります（ホテルから持ち帰ったアメニティの歯ブラシ、あなたの好みではない贈答品のサラダボウル等）。

基準を定めると、感情が入り込む隙がないので素早く明瞭な決断が下せます。従って、特定のモノを手放す場合、ぜひこのようなはっきりした基準を定めましょう。

例えばロゴ付きの製品は処分する。収納容器からはみ出しているレジ袋や紙袋は処分するというような基準。モノを一つ手に取ってみて、その基準に合うか合わないかすぐに決められるようにするためにも、曖昧な点が少しでもあってはいけないのです。

そして時々自分で決めた基準の見直しをします。その後もあなたの家にモノが溜まり続けるようならば、あなたが定めた基準の効き目が十分でなかったことになります。それを見直してみるだけでも、身辺整理を成功させるために一歩前進したことになります。

この作戦がどうしてうまくいくのでしょうか？

非常にシンプルな基準、例えば「私に合わない服を処分する」または「私に必要な鍋は三つ」だけでも自分の持ち物の管理に事足ります。基準が明確で具体的であればあるほど決断は下しやすくなるのです。

この作戦の目的は、自ら定めた基準をあなたが繰り返し思い出すことで、優柔不断の状態から抜け出し、あるいは意味もなく罪悪感に陥ることを防ぐことにあります。

繰り返し唱えるキーワードを書き出しておきます

時には短いキーワードがやる気を出させてくれます。

――私のワードローブに着ない服は要らない

――一つ買ったら、一つ捨てる

――私のカラーは〇〇色、〇〇色、〇〇色以外はあり得ない

という具合に。これを声に出しても、または書き出しても構いません。あなたの基準をこのようなキーワードにまとめてしっかり頭に入れましょう。

これが知らないうちに自分の気持ちを意識し、日々更新することに役立つのです。

例えば、「この漆塗りの皿は好きだけれど使ったことがない。浮き彫りの模様はケーキを盛り付けるのには不便。陶磁器の小皿のほうが向いている」と、声に出して言ってみましょう。自分が定めた基準を元にこのように判断が下せるようになります。

段ボール箱三つで分別してみます

段ボール箱を三つ用意するか、リストを作るかして、以下のように書きます。

——私が必要としているモノ

——私が必要としていないモノ

——私が必要だと思っているモノ

自分がそのモノを必要だと「思っている」のかどうかを問い質すことは、自分の判断を今一度見直すことを意味します。

そう、自分の人生の中から何かを手放すためには（主観的ではなく）客観的な判断を下せることが必要になるのです。

いつもヘアドライヤーを使わないのに、使う時があるかもしれないと考えることは全く根拠のないことです。

インターネットを利用して売ってみます

インターネット上で要らなくなったモノを売ることは難しいし手続きが複雑です。私の場合は、家の前の通りに不要品を出して「ご自由にお持ちください」と書いて置いておく方法を利用するほうが多いかもしれません。

しかし、売り物の写真を撮り、商品の解説文を付け、値を決めてサイトにアップロードするために時間を費やすことで、その商品との別れを心理的に受け入れ、それに抱いていた自分の気持ちを見出すことができるという人もいます。これはその商品と元の持ち主との間に距離を置くものです。その商品はまだ手元にある。でもすでに潜在的に見知らぬ人の持ち物になっているのです。

そこで、買うことは簡単ですが、それを再度売りに出すことがいかに難しいかを身に染みて知ることにもなり、安易に買ってはいけないとの教訓にもなるのです。

レンタルボックスを利用します

もちろんこれはお金とエネルギーを浪費することになるかもしれません。でもどうしても捨てられないモノと距離を置くためにはこれが一番良い方法かもしれません。いずれにしても、片付けのプロを呼んで整理してもらうよりは安くなるはずです。自分の持ち物に別れを告げ、考える時間を持つために必要な経費なのかもしれません。

捨てるモノの写真を撮ってみます

処分するモノの写真を撮る、またはスキャンして画像を保存する手法は、モノとの別れの痛みを和らげてくれます。また、モノを処分することと思い出の品を捨てることが同じではないことに気付かせてくれます。

手放してしまったモノのイメージがある限り、そこで共有した経験を思い出せます。さらに、写真を撮り、データ化されたモノの記憶のほうが、何年も何十年も屋根裏に眠らせておくモノよりも手軽に見て懐かしむことができます。手紙や資料に関しても年代順に分類しておくと簡単に検索して見ることができますね。このようにスキャナーで取り込んだデータを時々見ることで、いくつかの思い出が大変貴重なものであるのが分かるでしょう。

子供の頃に受け取った母親の手紙をスキャナーで取り込み、データ化したある男性は、以前よりもずっと思い出が貴重に思えるようになったと話しています。

徹底的な身辺整理をしたいと思っているなら、捨てるモノ一つ一つの写真を撮り、分類してファイルしてみてはいかがでしょう。

捨てたいけれど捨てられないモノは目に付くところに置いておきます

捨てるも捨てないもどうしたら良いのか分からないモノは隠さないことです。反対にできる限り目に付くところにそれを置いてください。これを何日間も眺めているとイライラが募り、しまいにはあなた自身の神経が「ブチ切れて」自分から捨てに行く、またはフランスの慈善団体エマウス行きの段ボール箱に入れることになるでしょう。決断は

30秒とかからないはずです。

その決断、実はあなたの頭の中ではずっと前に下されていたのです。ただ「実行に移す」勇気が少しばかり不足していただけなのです。

決断できない場合は機が熟すタイミングを待ってみます

後で必要になったら困ると思っているのなら、一定の期間戸棚に入れておきましょう。捨てていないのですから安心です。考える時間もあります。それがなくてはならないモノである可能性もあります。「絶対」ということはないのですから。

しかし、それからしばらく経っても使わないモノであるのなら、それまでに十分考える時間はあったとみなされませんか？　処分するという判断も、賢明な熟考の末導き出された結果と言えるのではないでしょうか？　この期間中にそのモノを失った場合の対処方法も見つけられたはずです。

モノを手放すためにはそれに合ったタイミングというものがあります。上手に手放す正確なタイミングが訪れるのを待つのも手です。大切なのは手放すことを望むことです。

何となく着なくなった服を今一度着てみて判断

このような服にもう一回袖を通してみてください。なぜか気に入らなくて着ない服、このような服に最後に別れを告げる意味で着てみると後悔することなく手放せます。なぜならばあなたのためにある服ではないことが分かるからです。

私の個人的な告白

以前、私は使いもしないモノを「お金がもったいないから」という理由で捨てられない人と一緒に暮らしていました。

私は蚤《のみ》の市で売れた、と言っては彼の持ち物を捨て、その代金を彼に私のポケットマネーで払っていました。もちろん彼の持ち物は売れないモノばかりでした。彼は大満足で、私は私たちが住んでいた小さなアパルトマンが少しすっきりしたことを喜んでいました。捨てるにはお金がかかります。でもその結果得られる何もない空間はそれ以上に貴重なものなのです。

家をモノで溢れさせないための六つのヒント

1. 定期的に小規模な「捨てる作業」を繰り返す

時々あなたの書類を取り出して、期限切れのものがないかチェックしましょう。同様にキッチンの引き出し、化粧ポーチ、薬箱の中身をチェック。このトレーニングによって、あなたは家にどれだけのモノを持っているのかを正確に把握できるようになります。

2. 「モノが一つ増えたら一つ減らす」を実行する

このルールに対して妥協してはなりません。これを守っている限り、あなたの持ち物が増えることはありません。このルールにより、あなたの買い物は成熟し、もしかしたらいくつかの誘惑に勝てるようになるかもしれません。

3. マルチファンクション製品を使い込む

石鹸一つで身体も顔も髪をも洗える優れものが存在します。バスルームにこの石鹸を一つ、保湿オイルにおいても同じように顔、身体、髪、爪用に1本用意します。

4. 容器でモノの数量を限定する

封筒、切手、小切手、ペン、その他の文房具を仕舞う大きめのポーチ、またはボックスを用意しましょう。

5. モノ別に数を限定する

例えば旅行中に撮る写真は一日5枚、取っておく紙袋は5枚まで、便箋の種類は3種類まで、冬のセーターは3枚、夏のコットンパンツは3本という具合に。

ストックの数も種類別に1パックまで（トイレットペーパー、ティッシュペーパー、キッチンペーパー、パスタ、コーヒー豆等）、調理用包丁は1本、フライパンは1個、シーツなどの寝具は一人につき2セット等、カテゴリー別に数量を決めます。

6. 便利さを追求することが人生を複雑にしていることもある

便利と言われているモノでも場所を取るために使いにくい場合があります。これはストレスになり、時間泥棒でもあるのです。例を挙げればサラダ菜の水切り器。サラダ菜をふきんに取り、シンクまたは窓の外に向けて振るだけで水切りはできます。このような家にある「便利グッズ」を一度見直してみましょう。あなたは驚くべき発見をすることでしょう。

売る？　寄付する？　捨てる？

処分すると決めたモノを手放す方法

クリスマスに家政婦がプレゼントしてくれたセントポーリアの鉢は枯れてしまい、彼女はそれを戸棚の中に隠さなくてはならなかった。これも彼女がしなくても済む無駄な努力だった。

イギリスの劇作家、小説家　アラン・ベネット『ランサム夫妻を裸にする』（未訳）

モノを処分する決断を下すことはそうとうな努力が要ります。でもそれだけではないのです。それを今度はどう処理するかの問題が出てきます。「処理」の問題を処理する段階に入るわけです。この段階が大変なので、家にそのまま置いておいたほうが簡単だと思う人がほとんどと言ってもいいかもしれません。

モノを処分するにはいろいろな方法があります。売る、寄付する、リサイクルする、捨てる。あくまでも処分するモノの性質にもよりますが、可能性、そして各自の体力や時間にもよるのです。

処分品を入れた段ボール箱は放置してはいけません

できるだけ待つのは短めに。一つのモノの処分にようやく自分を納得させることができたあなたですが、あげる、売る、リサイクルすると決めたモノが詰まった段ボール箱を玄関に数週間、いや数か月間放置したままでは、期待していた努力の結果を完全に、早く手にすることはできないでしょう。

それどころかあなたの家は前よりもごった返しかねません。

この「処分した」という満足感を十分に味わうためにも、このプロセスは素早く実施しなくてはなりません。

素早く解決策を見つけ、即実施する。これが最良の方法でしょう。

身辺整理の目的は決して自分の持ち物を救出することではありません。自分の空間を守り、より良い人生のために自らを解放することなのです。

段ボール箱を閉じたらできるだけ早く捨てましょう

本、古着、食器、ガラクタ等、これらのモノが家から勝手に出ていくのを待っていても無駄なこと。そこで自分にとって一番手っ取り早く簡単な方法を選ばなくてはなりません。不要品で一杯の段ボール箱が視界から消えて目の届かないところに行ってしまえば、気持ちの面でもその中身は遠いところに離れていくはずです。

もちろん、モノを手放すことイコール「ゴミ箱に捨てる」ことではありません。大切なことは、そのモノをあなたの人生から「追い出す」ということなのです。

もし車をお持ちならば、これらの段ボール箱をリサイクルセンターや慈善団体、またはゴミ捨て場まで運べます。解決策、コンタクト先が多ければ多いほどこの作業はやり易《やす》くなります。

例えば、使わなくなったティーカップを職場に持っていかれてはいかがでしょう?

インターネットが使えるのであれば、専門サイトであなたの持ち物をオークションに出すことを試みてもいいでしょう。でも、運搬するための車もなく、インターネット上で売る方法も分からない、または時間もない、そのような面倒なことをする気力もない、というのであれば、潔く捨てましょう。

あるいは家の前、路上のゴミ箱の横、またはマンションの玄関ホールに、「ご自由にお持ちください」と書いて置いてみてごらんなさい。これは魔法のような効果が期待できます。

ある晩、私はパリのアパルトマンの前の路上に、ヘンリー四世調の肘掛け椅子を置いておきました。なんと15分後には持ち去られていました。

両親の家にあったトランク15個も同じような方法で処分しました。

ただし、捨てたモノが持ち去られるまで責任を持ちましょう。いつまでも路上に放置するのはいけません。その場合、役所の大型ゴミに出すか、不要品を処分する業者を呼んで有料処分にしましょう。

使い古しのモノは誰も喜びません

天然資源は枯渇している。それなのに私たちは石油製品を買っています。経済は脆弱だ。それなのに私たちは海外製品にうつつを抜かしています。健康状態は悪化している。それなのに私たちは加工食品ばかり食べ、有害物質を家に持ち込んでいます。私たちがモノを消費すると、それはそのまま私たちの地球環境、経済、健康にはね返ってきます。

ベア・ジョンソン『ゼロ・ウェイスト・ホーム ごみを出さないシンプルな暮らし』
服部雄一郎訳 KTC中央出版

時代の傾向は「廃棄物ゼロ」。それでも、もしあなたの持ち物に新しい持ち主が見つからない場合、そのモノの生命はそこまで、と割り切りましょう。良心の呵責なしに、ゴミ箱またはゴミ処理場に直行させるべきです。不必要になったモノや安物のアイデア商品などを捨てたとしても誰の迷惑にもなりません。考えようによっては、それは自分に対して悪いことかもしれませんが、この後ろめたい気持ちこそが、よく考えもせずに衝動買いする癖を直してくれるのです。

今、私たちは過剰な消費生活そのものを見直すべきなのです。

リサイクル、ネットオークション等の売り買いは、消費を別な形で処理しているだけで、消費そのものを減らすわけではないので、今私たちの地球に深刻な害を及ぼし始めている環境破壊問題の解決策にはならないのです。

私たち一人一人が個人レベルでできることは、必要とするモノ以外は買わない、すぐに壊れてゴミになるような粗悪品は買わないこと。また、住まいも質素に、エコバッグを持ち歩き、私たちの生活のためにならないモノは買わないと決断することでしょう。

そして、使い古したモノをあげることは結局誰の役にも立たない、と自分に言い聞かせること。たとえそれが本当に困っている貧しい人たちのためにしたことであっても、施しをしたと思うことで自らの罪悪感（過去の衝動買いや過剰な消費）を紛らわせているだけ。その行為は慈善ではないのです。

貧しい人にとって真の助けとなるものは、より良い教育、貧困から抜け出すための手段、良いチャンスに巡り合える出会いを彼らに提供していくこと。それは決して私たちの着古した服ではないのです。

ネット販売で時間を無駄にしないこと

インターネットを検索していると、実に様々なオークションサイトがあり、環境にも優しい方法で個人の持ち物を売り買いできます。ただし、そこでお金を儲けようとは思わないことです。何としても手放したいと思っている品物をネット上に出品しても値が高すぎてなかなか売れないこともあります。そのような時は値を下げるか、できれば直接その品物をゴミ箱に捨ててしまいましょう。

モノを手放すこと自体、すでに心理的に難しいことなのです。それに加えて、さらに「時間」という負担がかかり（写真を撮り、品物の説明文を付け、荷造りをして郵便局に出しに行く手間暇）、時には購入者からのクレームが来ることもあります。特にデジタルに不慣れな人は、ネットの操作で手間取ったり間違えたりすることもあるでしょう。

私としては、たった数ユーロのためにこのように時間を割くのはバカバカしいとも思うのです。

中古の自転車やソファーを売った代金は1回のレストランのランチで消えてしまうこ

とがほとんどです。それならば、ただでどなたかに差し上げてしまいませんか？　そして、その週末の外食を1回だけ我慢するのです。

古着屋に売るのも人によってはうまくいきません

古着屋に服を買い取ってもらうのも、人によっては辛いことかもしれません。中には古着屋に服を持ち込み、値を付けてもらい、買い取ってもらう一連の作業を恥ずかしいと思う人もいるかもしれません。

古着はたとえ段ボール箱に入れられ、もはや目に付くところにはないとは言え、完全にあなたの人生から消え去るまでは、頭の片隅にずっと存在し続けるので、あなたにとっては重荷になります。

全くの他人に売ったほうがいいでしょう

例えば衣類、子供の玩具、特定のガーデニング用具や裁縫道具、日曜大工用具を除いて、他人の役に立つモノはそれほど多くはないのが実情です（ネットオークションで売り出す場合は別です）。

いつも私たちは何でもただで貰《もら》うことを歓迎しますが、他の人が要らないと言ったモノを、あなたはお金を出してでも買いたいと思いますか？

さらに付け加えるならば、要らなくなったモノを「まずは身内や知り合いに譲ろう」と思わないことです。

例えば、あなたが衝動買いしてしまったハンドバッグを妹さんに譲ったとしましょう。そのバッグを持つ妹さんを見るたびに、あなたは衝動買いしてしまった自分の過ちを思い出すかもしれませんし、もしかしたら「やっぱり素敵だわ、あげなければ良かったかな？」と、ちょっぴり後悔するかもしれません。

譲ってもらった側にしてみれば、感謝の気持ちを示すことは稀でしょう。むしろ、こちらの浪費癖を内心笑っているかもしれません。「いつもお古をこちらに回してきて失礼だわ」と思っているかもしれません。身内に自分が使ったモノを譲る時はこうした曖昧な負の感情が纏《まと》わりついてくるのです。

このような状況を避けるためにも、いくつかの例外を除いて、全くの見ず知らずの人に譲るほうが気持ち良いでしょう。

リサイクルできるモノはリサイクルしましょう

段ボール、古紙、ガラス、金属、ある種のプラスティック等、たとえ時間と労力が多少かかっても、リサイクルできるモノは極力リサイクルし、その責任を快く負いましょう。

購入したモノを最後まで責任をもって正しく処分する努力をすることは、無駄にしないで消費するという、消費に対する態度を思い出させてくれます。消費にブレーキをかけるための一番手っ取り早い方法でもあります。

リサイクルも、再利用も、消費することには変わりません

私たちの生活は大変便利になってきています。でもこころから寛ぐことのできない住環境に甘んじている人たちはどれだけいるでしょう。環境破壊を憂慮すること、モノを

極力リサイクルしていく姿勢、どちらも良いことです。でも、このリサイクルや再利用の危険は、まさに「リサイクルは無駄遣いではない」と思わせるところなのです。そして、これをいいことに私たちの消費意欲はさらに刺激され、これが、また買う、売る、買う、売るといった悪循環を作ります。それはモノが溜まりだしたらそれを他に回せばいいという安易な考え方のせいです。でもそうすることでさらにモノは蓄積されていくのです。

無駄を避けるために他人に譲るモノはすべて最終的にはゴミ箱行きになるのです。どこが違うのかと言えば、最終的に処分する行為を自分ではなく、他人が受け持つ点でしょう。

メディアは多くのリサイクルシステムの例を挙げていますが、いずれも適切なシステムとは言えません。寄付を扱う団体は古着の山、破れたりしみがついたりしている毛布、何トンもの食器、灰皿やマガジンラック、現代建築のモダンな家によく見られる雑多なモノ、すべての重みに潰《つぶ》されそうになっています。

問題は数年前よりは改善されてはいるものの、まだまだ不完全なままです。

現在、リサイクルすることで、モノを処分せずに新製品製造の材料として再利用（リユース）し、無駄を抑えようという試みも重ねられています。

でも、私たち一人一人が消費そのものを減らしていけば、その消費からくる問題全体を解決できるのです。私たちが「買わない」と決めれば、生産、流通、そして廃棄に至るまで、そのモノ一つ分だけ少なくて済むからです。

自らのK点越えを恐れない

手放した達成感を味わいます

まだまだモノは多すぎると感じていながらも、もう何を捨てたらいいのかが分からない。

これは誰でもモノを処分していく上で必ず突き当たる壁です。「よし。私はこれで十分。私に必要なモノはすべて足りている」と確信を持って言える日まで、自分の限界を超える意気込みでモノを手放してみてください。ある友人が話してくれました。それは初めてパラシュートで飛び降りる気分と似ていると。最初は恐怖で身体が硬直するけれど、空中に飛び出してみるとどうしてこの魔法のような瞬間を避けてきたのか不思議になるというのです。

あるモノを思い切って手放した時の達成感は、自分の限界を超えたという自信、安堵感、誇り高さ、そして喜びを与えてくれます。

持ち物が少なくなればなるほど物欲がなくなります

一日中、一人で嬉々として家の中で捨てられるモノを探して過ごすようになる。これは「捨てたい病」のウィルスに感染した人が見せる兆候です。ここまでくると、「捨てる」行為はとても易しいものになってきます。痛みも迷いもなくできるスポーツのトレーニングに似ています。

自分の生活が本当に少ないモノで足りること、そしてこの生活こそが幸せの源なのだと理解するともっと捨てたくなります。このレベルにまで達すると、家から出ていく一つ一つのモノが小さな勝利を意味するようになります。

常に変化を求める生き方を止めてみます

大きな家財道具は少なくても、台所道具だけは豊富だった。すべてが、私の料理の相棒だった。毎月アルバイトで稼いだお金から、多少値段が高くても長く使える物を揃えていたのだ。やっと手に馴染んできたところだったのに。

小川糸『食堂かたつむり』ポプラ文庫

何を着る？　夕食は何にする？　というような、取るに足らない決断を下すだけでも、それに費やすエネルギーはあっという間に私たちの頭を一杯にしてしまいます。

決断するパワーには限界があり、私たちはこの限界を超えると、疲労により好ましくない決断を下す傾向があります。そんな時にワードローブ、キッチン、またはガラクタの整理をするのは適していないかもしれません。

あなたの決断パワーはできるだけより創造的なもの、あなたの人間関係や生産的な仕事のために使いたいもの。そのためにも自分の身の回りにある余計なモノを取り除くことでエネルギーを節約し、そのエネルギーをより本質的なことに使いましょう。

そして量的、質的にもあなたの持ち物がバランスの取れた心地よいレベルに達したと感じるようになったら、そこで今度はあなたのスタイルを変えないようにしましょう。

あなたの持ち物との関わり方、習慣、日課を忠実に守り続けるのです。変化を求め続ける生き方は疲れます。

なぜモノを溜め込むのかを題材に瞑想してみます

霊的生活でよく言われるのが「離脱」、あるいはこころを空にする「空《くう》」の経験。これは様々な考え方や感情に固執することや、自分を虜にする物事に振り回されることから自らを解放することです。

これを自分の持ち物一つ一つと向き合って経験してみるのもいいかもしれません。あるモノを目の前にして、そのモノの必要性について瞑想してみるのです。自分の真のよりどころを見つけ観察することは私たちのオートマティズム（自動作用、自分の意識とは無関係に動作を行ってしまう現象）が暴走した時の矯正手段となります。それが瞑想の目的なのです。

このような瞑想を行うことで、私たちは最初から決めつけて「仕方ない、私はこうだから」というように、自らを自分の殻に閉じ込めるような発言はしなくなるでしょう。

最初は煩雑さや欲望の渦から抜け出すために自分を制することが必要になるでしょう。

しかし次第に慣れてくると、自分の生活が徐々に喜びと簡素さに満たされていくのを感じるでしょう。

すると幸福にはほとんどの持ち物が必要ではないことを本質的に、直感的に（知的に、だけではないのです）知ることになるのです。

第4章

本物のシンプルライフとは

溜め込み癖が招く危険

ホーディングとミニマリズム

ゴミ屋敷に象徴される、モノを溜め込む行為をホーディング（hoarding）と呼びます。その一方でモノを悉く《ことごと》廃棄する極端なミニマリズムも最近よく目にします。この両極端の中間くらいが丁度良いのかもしれません。環境に優しいエコな生活もいいけれど軽々しく消費する楽しみもあってもいい。インテリアにしても、まったりとした快適さと無駄のない殺風景さの真ん中くらいが丁度心地よいと感じられるのかもしれません。

シンプルに生きることが節制の同義語であってはならず、むしろ成熟、充実、ゆとりを意味するべきなのです。

心地よさを超えて必要以上のモノを所有すること、反対に極端に何もない状態に身を置くことは過剰な行為と言えます。

過剰な行為はしまいには必ず物事を明晰《めいせき》に判断すること、すなわちその目的や価値観を重視することを阻む結果をもたらします。

確かにミニマリズムは、一部の人たちにとっては、未知で新しい生き方に浸るという陶酔感を味わわせてくれるものかもしれませんが、今では流行の一つ、トレンドになってしまっています。

シンプルに生きることとは全く別の問題です。それはたくさんある持ち物、消費するモノ、取り組む物事の中で、自分が一番心地よいと感じられる中庸を見つけて生きていくこと。自分にとって何が一番大切なのか、焦点をそうした物事にのみ絞ることができるようになることなのです。

そしてこれは世間が煽《あお》る消費、成功などに惑わされずに健全でいること、不自然な生活様式の枠の中に自らを閉じ込めないことでもあります。

同じコートを二冬着てしまったから今年は新しいコートを買わなくては、と思うのではなく、またはその逆でわざと色あせた服を身に着けて目立とうとするのでもありません。偏見に囚われず、さりとて気取るのでもなく、あらゆるものにこころを開いて生きていくことなのです。

ホーディングは脳の機能不全が起こします

私たちが豊かな生活を享受するようになってから約半世紀近くが過ぎたところですが、私たちの以前の家は今日ほどモノが溢れ返ってはいなかったと思います。

一体何が起こったのでしょうか？

私たちはモノを溜め込むようになりました。なぜかと言えば社会がそのように決めたから。少しずつ、気が付かないうちに、ディオゲネスシンドローム＝溜め込みシンドローム（ホーディング）で苦しむ人たちのように、私たちはホーダーになりつつあるのです。

この人たちは病的にモノを溜め込む人たちです。時々自転車やキャリーバッグにモノで一杯の袋や破れ傘、ひもで括《くく》った新聞紙をぶら下げて歩いている人、あるいは何十年もの間蓄積されたゴミで家の中も外もはみ出さんばかりに一杯になったゴミ屋敷を見かけたことがあると思います。

こういう人たちがなぜこのようにモノを溜め込むのか、その原因は様々で、まだはっきりとは解明されていません。あるホーダーは、自分が溜め込むモノに人間的な長所を見出し離れられないのだと言います。また別のホーダーは、ゴミも含めてすべてを自分の身を守るために取っておくと言います。モノを失うことは自分のアイデンティティを失うことに繋がるとして、そのトラウマを恐れているのです。

長い間、ホーディングは一種の強迫神経症と捉えられていました。この病気を発症した患者は自らの不安感を軽減するためにモノを溜め込んでいたというのです。ところが、今日では違う捉え方がなされています。科学者の見解によると、ホーディングは脳内における決断を下す部位の機能不全により発症するもので、その機能をつかさどる脳の部位もすでに特定されていると言われています。さらに、ホーディングは鬱病、そして達成不可能な理想を追い求める過剰な完璧主義にも関わっていることが分かってきています。この完璧主義的な考え方は論理的な行動の可能性をすべて麻痺させてしまうもののことです。

多かれ少なかれ、モノを捨てるのは怖い

試しに客観的に自分を取り巻く持ち物を見回してみてください。すると、私たちも多

かれ少なかれホーダーであることに気が付くことでしょう。

それはどうしてでしょうか？　なぜならば私たちもモノを捨てるのが怖いから。絶対に今後使わないと分かっている古いガラクタでも捨てる決心がつかないからです。

よく観察してみてください。素早くきっぱりと決断できない人の家は大抵の場合モノで一杯です。デスクの上もあらゆる書類の類《たぐい》に埋め尽くされ、棚の上にも置物が所狭しと並べられ、ワードローブは着ない服でパンパンになっています。この状態はストレスになります。

ただ矛盾していますが、この散らかった状態がこの人たちが抱えている問題から彼らの気を逸らしてくれているのかもしれません。この散らかりは、彼らが叶えられなかった夢、行き詰まった人間関係、停滞するビジネス、子供が巣立った後のガランとした家の空虚感等を紛らわせてくれるのです。

そう、実は知らないうちに多くの人がホーディングに苦しんでいるのです。

ホーダーの対極にいる「似非ミニマリスト」

ミニマリストは一種の流行現象です。購買力低下と貧困層の拡大という現実にマッチする現象と言えるわ。皆文句を言うことなく倹約するようになり、それをむしろ喜んでいるのですから。

私の妹、シャンタール

「ミニマリズム」とグーグルで検索すると、ありとあらゆる動画、ブログ、インターネットサイトが出てきます。自称ミニマリストたちがそれぞれカメラの前でオウムのように繰り返しミニマリストの定義を語り、自宅の部屋の様子を公開しています。そのどれもが大抵白で統一され、何もなく空っぽで個性に乏しく、すなわち他のミニマリストと似ていて、病室か拘置所の一室（もちろんずっと清潔ですが）のように寒々しいものばかりなのです。

生活に必要最低限の限りなく少ないモノだけで暮らすことは確かに魅力的ではあります。特に若い世代にとってはSNS上で流行に乗っていることを示すわくわくするような暮らしぶりになるのかもしれません。

でも、このような暮らしは現実的でしょうか？　心地よい、バランスの取れた、長続きするものでしょうか？　私はそうは思いません。床に布団を敷き、イケアで買った皿と茶碗、カーテンのない窓、友人を二人招待するにも客用のコーヒーカップを欠くようでは、シンプルライフとは呼べません。ミニマリズム流行の犠牲者たちは、本当のシンプルライフであるところの「少ないモノで良く生きる」を取り違えたお粗末なイメージしか映し出せていないような気がします。

このような若者が一緒に暮らしたいと思うパートナーと出会ったとしても、食事は外食で済ますことに飽き飽きしないでしょうか？　自宅で寛ぐソファーもなく、「人生で大切なことを再発見する」ことについてはどのように考えるのでしょうか？

このようなミニマリズムは流行、トレンド、本当のシンプルライフのパロディでしかありません。度を越したエゴに通じるセルフィー文化に類似する極端なものでしかないのです。

似非ミニマリストの危険性

それゆえ、逆説的には見えるが、単純さということは、思想の深味《ふかみ》の外的証拠であり、象徴《しょうちょう》である。学問や著作で、この単純さに到達することは、なかなかどうして困難なことのように思う。思想を明徹《めいてつ》にしめすことは、なんと困難なことであろう。しかも、思想が明徹になるときにのみ、単純さは可能なのだ。（中略）単純さは、消化ということとともにまた成熟《せいじゅく》ということをも予想する。

林語堂『人生をいかに生きるか（上）』阪本勝訳　講談社学術文庫

ブログを書く、SNSに投稿するなどして、私生活をネット上に晒すことが、今日多くの若者たちの生きがいになっているようです。彼らは自分たちの理想を実現させるため、人生に目的を見出すために躍起になってモノサシとなるものを追求しているのです。

これが禅僧やシトー会修道士、あるいは隠遁生活を送る人のような特別な人たちの場合であれば、俗世間からこころを切り離す修行を長年にわたって積んでいたでしょうし、頻繁に黙想もしていたことでしょう。しかし持ち物すべてを捨てて一朝一夕で霞を食べて生きていくような生活に切り替えることは危険です。すべてを一気に捨てて、ベッド、携帯電話、テーブルのみを取っておくことほど簡単なことはないでしょう。ところがこの殺風景な室内には空っぽのこころが隠されることになるのです。

シンプルに生きるためには現実に即した、自分の日常に合っている生き方を学ばなくてはなりません。極端な生き方を実践することで、これらの若者たちはパートナーや友人を失い、健康さえも害するかもしれません。社会においてこのような過激な生き方は持続しないでしょう。

日本では、このような人たちは、無意識のうちに存在意識が失われ、その空虚感から鬱状態になり精神科にかかる人もいるほどです。極端なミニマリズムに陥らないように注意しましょう。

本物のシンプルライフは、室内空間の邪魔をする余計なモノはないながらも、厚手のカーテン、寝心地が快適なベッド、温かみのある室内で生活することを言います。それは照明も強すぎず、美しいランプシェードまたは日除《ひよ》けが設えられ、本棚には読みたくなる本が数冊、花瓶には新鮮な花が生けられ、蜜蠟でできたキャンドルの炎が揺れているような室内。

ちょっとしたセンスと個性さえあれば、今流行《はや》りのステレオタイプ化されたクールで近代的、でもちょっぴり居心地の悪いデザイナーズマンションにも引けを取らないシンプルな部屋を、お金をかけずに実現できるのです。

ミニマリズムが自分の周囲に完全に何もない空間を作ることであるならば、シンプルライフは、詰め込みすぎの戸棚と私たちのこころに心地よい風を通してあげることかもしれません。

別な言い方をすれば、ミニマリストになるためにすべてを捨ててしまってはいけません。モノを処分することが私たちの人生を導くものであってはならないし、ましてや一時的な流行で私たちを縛る制約であってもならないのです。

モノを処分していくことは、反対により深い、現実的なものに、とりわけ自分自身の現実に結び付くべきものなのです。

シンプルな生き方とは、

・すべてを自分に禁じたり、断ったりはしない

・四方を何もない壁に囲まれて暮らすことや、森の奥の掘っ立て小屋で暮らすことではない

・「買う」ことを（それがどんなモノでも）拒まない

・金銭を軽視しない

・セーター1枚と靴下2組で暮らしなさい、というものではない

・自宅に装飾品が何もない、祖母からの思い出の品も皆無、というものではない

持ちすぎることも、極端に何も持たないことも、不自然

私たちはしっかり支えられていると感じるためにも背もたれの付いた椅子が必要であり、玄関の前にはガラス張りの小さなベランダ風小居間も、外界と私生活との移行をより緩やかにするために必要としているのです。または自分の家の前に花壇を設えてもいいかもしれません。

実に多くの人たちが超近代的で無味乾燥な室内に住みながら慢性的な病に苦しんでいます。その原因を見つけることもできずに。この人たちは病の原因が彼らの住む室内に因るものとは決して思わないでしょう。今日ではありとあらゆる科学が発案されています。例えばソファーとカーペットのミスマッチが招く不運、ドアが発する悪い波動に関して、というようなもの、皆検証できないものばかりです。それでも私たちのイライラは明らかに存在するのです。それならば、どうして単にそこに「快適さが欠けている」ということ

を認められないのでしょうか？

スイスの哲学者　アラン・ド・ボトン『幸福の建築術』（未訳）

一度にすべてを捨ててはいけません。これはハードなダイエットを始めて、後にリバウンドで過食に走るのに似ています。家の中に何もない空間を作ること、これが病みつきに、病気のようになるべきではないのです。

片付けの時間に気を取られ、おちおち友達とゆっくり過ごせないようでは本末転倒。モノを処分するのは、モノの管理に時間を奪われることなくまったりと怠惰な生活を味わうためです。この満ち足りた優しい生活があなたを幸せにするのです。

ミニマリズムの名において、何もかも捨てないこと！

住まいは常に実生活の場であると同時に博物館のようなもの、それは壁を覆いつくす家族の写真を通してのみ分かることです。例えばクマツヅラの葉のお茶を祖母が使っていた花柄のティーポットで淹れている時など、この二つの次元が混ざり合うのです。

それは20世紀半ばの頃の、ヴォード県にあるモラ湖のほとりの家だったと思いますが、そこの家では私の幼少時代ずっと一緒に過ごしたモノだけでなく、曽祖父母や大叔父や大叔母のモノまでもが残されていました。このアパルトマンは私の祖先の生活を伝える生気のない証人たちが最終的にたどり着いた場所。（中略）でもすべてを捨てることを決断することと、すべてを捨てなくてはならないことは同じではないのです。

フランスのジャーナリスト、エッセイスト　モナ・ショレ『シェ・ソワ（自分の家で）』（未訳）

今日見られるネオミニマリストがするように衝動的に、彼らが〝がらくた〟と呼ぶ古道具を捨ててしまってはなりません。あるモノを取っておくことで感傷的な思いを抱くことは当然あります。古い〝がらくた〟でも自分にとっては大切と思えるモノは捨てるべきではありません。すべてを処分することとすべてを取っておくことの間には、ちょうどその中庸があるのです。

あるモノは私たちに安定感をもたらし、モノサシになってくれます。数枚の昔の写真が懐かしい楽しかった日々を思い出させてくれるかもしれません。人生が辛いことばかりではないことを教えてくれるかもしれません。過去への郷愁と未来への信頼に線引きをする必要はないのです。私たちに感動をもたらしてくれるモノもあります。それをなぜ否認するのでしょう？　感動がなかったら私たちはどのようになっていたでしょう？　ロボット？　それとも無感動な人間？

私たちのこころの中の過去は絶対に死なないのです。それは常に生きていて、それが今日の私たちの在り方を可能にしているのです。

ただ、若かった頃のCDを多くても年に1回聴くかどうかであれば、それとは見切りをつけてもいいのかもしれませんね。いずれにせよ、今はネット上を探せばすぐに同じモノを見つけることができますからね。

シンプルとは何もない白いインテリアの部屋で生活することではありません

日本の家は、その素材の脆弱さ、時と共に変質していく様、そして私たちの感性に訴える力との間にある密接な関係を見事に見せてくれています。客間では竹の柄で出来た急須と磁器製の丸みがかった小さな花器が、漆塗りの背の低い食卓に人目を引くように置かれています。私たちは床に敷かれた座布団の上に座ります。白、青、黒の細い縦縞模様の布で覆われた座布団の優しい趣とくすんだ色が漆塗りの食卓や食器と見事なコントラストを見せています。この簡素で心安らぐ家には、そこに住む住人の身体と深い共通点のないものは一切見られないのです。（中略）その後、私たちは文化を合理化してしまいました。

フランスのジャーナリスト、エッセイスト　モナ・ショレ『シェ・ソワ（自分の家で）』（未訳）

モナ・ショレは、その著書『シェ・ソワ（自分の家で）』の中で、現代では五感の中で視覚が真っ先に優先され、次いで聴覚。触覚、味覚と嗅覚《きゆうかく》に至っては「単に私的な機能をもつ時代遅れな感覚の名残」とみなされていることを指摘しています。ところが最近のミニマリズム的なモダンな住居は私たちの「目の保養」の受け皿にはなっていません。それは個性のないノーブランド、住居の原型でしかなく、私たちを貧しく惨めにするだけのものです。

モノが溢れる室内が息苦しく感じられるのであれば、真っ白で冷たい室内は私たちを無感動にさせます。

理想は、ある程度の節度を保ちつつ、度を越した物質主義に陥ることなく、美しいモノ数個に囲まれて暮らすことでしょう。

五感を養わなければロボットになってしまう

黄色い壁はバターの色、空気中を舞う埃は、まるでそれが務めであるかのように、沈黙のワルツのリズムに合わせて踊る。（中略）家は空っぽである喜びを示すべきだ。

スイスの哲学者　アラン・ド・ボトン『幸福の建築術』（未訳）

たとえ少ないモノで生活することを良しとしたとしても、全く「快楽」のない世界に生きることは不快なだけでなく、危険なことです。いつも生活を共にしているのはスマートフォンだけ、という生活習慣は私たちの感覚を鈍らせてしまいます。言うまでもないことですが、私たちの感覚は刺激を与えないとどんどん失われていくのです。ネット注文したフルーツの香りが良いものかどうかをどのように知ることができるでしょう？会うこともなく、声を聞くこともほとんどない友は一体どんな人？（電話をかけることも少なくなっています。今ではショートメールを送信することが原則になっているようです）あなたが職場で使っている合成樹脂製のデスクの感触についてあなたはコメントできますか？

料理をしなくなること、また自然で瑞々《みずみず》しい食品の味を忘れてしまうことが文明の発展なのでしょうか？

家にはポトフ一つ作る材料もなく、自分の楽しみのために香を炷《た》いたり、キャンドルを灯したり、花を飾ることもしなくなったら、私たちはどのような人間になっていくのでしょう？　今後私たちの脳はどれだけの機能や能力を失っていくのでしょうか？

シンプルは美しい

美しいものを見つける為に我々は世界中を旅行するが、自らも美しいものを

携えて行かねば、それは見つからないだろう。

ラルフ・ワルド・エマーソン

美は私たちのエネルギーを養ってくれるもの。また、「心地よい」と感じる気持ちを高めてくれるものです。それにもかかわらず、美が私たちの魂に及ぼす影響は理解されず、なおざりにされている気がします。美は私たちの細胞にすでに刻印されている「期待」を満たしてくれるもの。美は確かに主観的なものかもしれません。なぜなら、それは私たちの年齢、性別、文化に関係しているからです。でもアートが私たちの生活においてこれほど大きな位置を占めているのは、それだけ重要な役割を担っているからではないでしょうか?

美は私たちのこころの内面にたくさんの感動を生みます。それは楽しみ、喜び、欲望、平穏さ、楽観主義など、さらに私たちの創造力、好奇心、創作意欲をかき立てます。

美が不足すると、私たちは困難に対する忍耐力が弱まり、無意識のうちにフラストレーションを溜め込み、人生の意義を見失います。

美を追求していくことは自分の身体や健康を気遣うのと同じくらい大切なことであるべきなのです。

合理的な考え方に重きを置く極端なミニマリストには、この美がもたらしてくれる恩恵を私たちに拒ませる傾向がみられます。

必要と不必要で測ることはできません

かの有名な日本の女性画家、篠田桃紅《とうこう》は、その著書『一〇三歳になってわかったこと』の中で、「人は、用だけを済ませて生きていると、真実を見落としてしまいます」と説明しています。彼女が言うには物事を必要、不必要で測ることをしてはならないのです。

私たちが必要なモノだけ買っていたら、お金を稼ぐのは何の役に立つのでしょう？あなたが「お金を無駄遣いした」という感情を持たずに素敵なハンドバッグを買ったとしてもそれでいいのです。それは単に楽しみを買うことになったわけですから。無駄遣い、または浪費とは、よく分からないまま買ってしまう行為のことを言うのです。

そして、後になって「あれは間違いだった」と気が付いたとしても、それはそれ。それが人生というものだからです。

多くの画用紙と時間を無駄遣いして、ある日美しい絵画が完成するのです。

従って、どの日の買い物、（何かをするために費やした時間にしても）どの時間が必要であったのか否かを見極めることなどできないのです。それは時の流れと共におのずと理解することになるのです。

何もしない時間さえも必要なのです。それはまさに生きている瞬間を味わうため。従って何事も後悔してはなりません。不必要なことでさえ人生を歩んでいく上では必要になるからです。もしすべてが必要なことばかりであったなら、人生はどれだけつまらないものになるでしょう。人は、必ず回り道をしたり、道草を食ったり、災難に遭ったりするもの。これらの「不必要」があるからこそ人は魅力的にもなり、人間的な深みが備わるのです。老子は「不必要の必要性」について語っています。これは一見不必要に見えるものが実は重要な役割を果たしていることを意味しているのです。

自分を知ることで、シンプルの本質が見えてきます

問題は何を勝ち得たのか？　ではなく、何を失ったのかを知ること。結局あなたがやることになるのは、玉ねぎの皮を一枚一枚剝《む》いていくことなのです。私が求めていたことは「完璧さ」の意味を理解することでした。今では、この時代のあるレベルにおいては、この完璧さから決して離れてはいないことを私は認識しています。ただ私たちの誤った知覚だけが、私たちの内面に実際に在るものを見ることを阻んでいるのです。

イギリスの作家、新聞記者　ヴィッキ・マッケンジー
『Un ermitage dans la neige（雪に埋もれた隠遁者の庵）』（未訳）

なにもすべてを一つのトランクに詰め込む必要はありません。あなたが自分のギターを取っておきたいのなら、そうすればいいのです。ただ、自分にとって余計なモノを処分することで、あなたは本当に大切なモノが何なのかが分かるでしょう。

このことで、私は孤独を愛する一人のミニマリストを思い出すのです。本当に大切な

モノは何？　この問い掛けに答えるために彼は付き合いを減らし、車を買いました。彼にとってもっとも心地よく一人になれるのが車の中だったからです。彼はその車には他に何も乗せず、自分だけのための究極のミニマリストの場所としました。

モノを処分するのは自分の内外に何もない空間を作ること、自分が生きていくために本当に大切な本質のみを取っておくこと。それは自分独自の価値観に沿って生きることであり、自ら定めた優先順位を遵守し、心惹かれるモノに自らの命を捧げていくことなのです。

人と同じように生きてきた人生、社会の波や、失望させる過剰な消費生活の虜として生きてきた人生に新たに自由を与えるものなのです。

私たち一人一人が必要とするモノは年齢、性別、職業、余暇、気候、文化、家族や周りの環境などの数多くの要因に依存しています。オフィスで仕事をするミニマリストにはシックな服装と美しい靴が必要でしょう。反対に、在宅で仕事をするミニマリストはより質素なワードローブで済むわけです。ミニマリストになるための特別な基準などはありません。自分の持ち物の数が50あろうが、その10倍またはその100倍あろうが、肝心なのはそれが自分にとって十分か否かなのです。

しかし、生活がシンプルになればなるほど「必需品」の数は緩やかに、でも確実に減っていきます。

何から何までゴミ袋に無差別に突っ込んで捨ててしまうのは恥ずべき愚かな行為。とは言え、すべてを取っておくのも同様に恥ずべき行為です。なぜならば増え続けるモノと向き合わないことには、しまいには私たちの活動が完全に滞ってしまうからです。モノをただただ溜め込んでいくことは、問題を先送りにしているだけで、最後には結局その問題に帰着するのです。

従ってモノを処分することは簡単なことのように見えますが、それは実は心理的に大変複雑なことなのです。

これは何よりも自分を知ること、自分について、他人について、人生について理解を深めることに繋がります。そして、モノを所有することが、とどのつまり一種の信条に過ぎないこと、人によって異なる主観的な印象に過ぎないことが分かるのです。

では「所有する」ことにはどういう意味があるのでしょう？　実際に私たちは所有することで何を求めているのでしょうか？　また、どうしてそれを求めているのでしょうか？

このように考えてみることは、その後モノを丁寧に扱うこと、生活に不要なモノを捨て、取っておくと決めたモノをより効率良く選択し、大切にすることを教えてくれます。

モノを処分することがもたらしてくれるもの

ゆったりと、ゆとりのある暮らし

ラホールではありとあらゆる困難があるにもかかわらず生活には特別な豊かさがありました。そこでは、人々は何よりも自分たちの存在の意義を求めていました。こちらの社会では皆満足するとそれ以上を求めようとしますが、それが多くの人の攻撃的な態度やうつ状態を招いているのです。人々はすべてがたわごとであることを感じています。彼らは望むものはすべて手に入れますが、それが何処に彼らを導くのでしょうか？　社会が与えてくれる答えは「常により多く所有しなさい」なのです。そしてこのやり方でいくと「孤独」とは全く関係のない一種の隔離された感情を抱くようになるのです。それは自分自身との心理的断絶の結果なのです。

イギリスの作家、新聞記者　ヴィッキ・マッケンジー
『Un ermitage dans la neige（雪に埋もれた隠遁者の庵）』（未訳）

私たちは皆、自分の胸に広い空間を作り、永遠で満たしたいと願っているものです。それなのに、ほとんどの場合、息を詰まらせないために、私たちは小刻みに小さく息継ぎをしています。人生が私たちに勧めているのは節約することではなく、前進することです。動物や植物といった生きとし生けるものの中で節約をしているのは私たち人間だけ。まるで深呼吸することが私たちを窒息させるものであるかのようです。

胸一杯深呼吸をしましょう。すると、狭量な態度や計算高さはどこかに消えていきます。自分に十分な空間を確保し伸びをするために、心身の緊張を緩めるためにも細々《こまごま》としたことを忘れましょう。モノを片付けたり、管理したり、見つけたりすることさえも頭から切り離すのです。

この快適さは魔法のような効果を発揮します。「満たされた」人生の喜びの味わい、日本人はこの感覚を「ゆったり」と表現しています。

この感覚に身を委《ゆだ》ねていると、まずは何事も以前ほど重要に感じなくなります。日頃

受けている小さな侮辱にも前と同じように反応しなくなります。私たちの内面の奥深いところで「超越」のスイッチが入り、変化が起きるのです。
そしてこの変化のほうが何もない応接間よりも多くの感動を与えてくれるのです。

持ち物が少なければ、片付ける必要もなくなります

秩序のあるところには、当然、安定がある。この二つが嚙み合って家庭生活に見られるイギリス人固有の志向を生む。それを表現する言葉は本質からかけ離れて淡く頼りない影でしかないのだが、あちこちの国がそこを真似ている。すなわち、名づけて快楽である。

イギリスの作家　ジョージ・ギッシング『ヘンリー・ライクロフトの私記』
池央耿訳　光文社古典新訳文庫

モノを処分することと片付けることとを混同しないように。完璧に整理整頓されたアパルトマンに住む几帳面で注意深い人でも、モノを処分しない限りは本当のシンプルな生

活がもたらす喜びを味わうことはできません。

大切なことは、どのように上手く片付けるかではなく、どのように持ち物を少なくしていくか、なのです。持ち物はいくらきちんと片付けられていてもそのままです。モノの適切な配置は神話に過ぎません。それは根本的に散らかりをなくしてはくれないのです。

片付けは足し算（分類法、ストレージテクニック）。ところがモノを処分することは引き算していくことなのです。

たとえ片付けなくても人生は楽になります

わたしはかつて三個の石灰岩を机の上に置いておいたが、わたしの心の家具はまだすっかり埃をかぶったままなのに、それらは毎日はたきをかけなければならないのを発見しておどろき、嫌気がさしてそれらを窓からほうり出した。

アメリカの作家　ヘンリー・デヴィッド・ソーロー『森の生活——ウォールデン』神吉三郎訳　岩波文庫

一度不要なモノを処分し終えると、片付けは、使い終わったモノを元あった場所にただ戻すだけ、あるいは全く片付けない、ということになります。たとえ使った場所に置きっぱなしにしたとしても、このようなさり気ないずぼらな感じも悪い印象は与えません。

2017年1月10日に放送された、フランスのテレビチャンネル〝フランス2〟の「秩序について」というドキュメンタリー番組では、「創造性に関しては、無秩序でだらしない人たちのほうがむしろ他の几帳面な人たちよりも長けているのではないか」といった見解を明らかにしていました。

確かに、あまり几帳面ではない会計士は困りものですが、新聞記者のデスクが散らかっていることは案外受け入れやすいものです。番組では、一人のクリエーターがその証拠に彼のデスクを公開しています。すべてがバラバラに、目に付くところ、手の届くところに置かれていました。デスクに直接貼られた附箋《ふせん》、コーヒーマグ、エスプレッソマシーン、ボールペン、積み上げられた資料などなど。このようにやっているお陰で、片付けたり、引き出しから資料を出したり、探したりするのに時間を無駄にしないというのです。

しかし、彼のデスクの上に置かれたモノをよくよく見ると、彼は、実際には必要なモノ、使うモノ、機能的で現実に即したモノしか持っていないことが分かります。使用済みの資料、前日の新聞やくだらないガラクタなどは一切ないのです。

タッパーウエアはあとどれだけ必要？

収納用品で巷《ちまた》は溢れ返っています。それでも「空きスペース」の問題は繰り返し話題にのぼります。お宅のタッパーウエア（密封容器）の個数は十分足りていますか？ あと半ダースは必要でしょうか？ 最近の容器の性能は完璧で、デザイン性も優れています。収納容器を製造する側も私たちが整理整頓にどれだけ苦心しているのかを知り尽くしているようです。

でも注意してください。片付けのプロのやり方は、その人たちの流儀に則《のっと》ったテクニックに過ぎません。素人や片付けにあまり関心のない人にとっては、そのテクニックに沿って片付けるのは難しく、当てにしていた結果も早々に消滅し、せっかく空にした戸棚に再び細かくラベルを張られた容器が並ぶようになるのです。ただしモノが少なければ別、このような問題は起きないでしょう。

私の大叔母の一人は、田舎の小さな村の小さな家に住んでいました。その村の住民はわずか数人で、営業している店もたった一軒のカフェのみという過疎地です。その家の寝室には洋服箪笥が一つ、キッチンには食器棚、シンクと薪ストーブ、すべてがきちんと片付いていました。大叔母は持ち物が非常に少なく、片付けるモノも少なかったからです。

このような居心地がよく温かみのある場所で得られる安らぎと引き換えに、私たちにできることは何があるでしょうか。

モノが少なければ家具も収納ボックスも要りません

持ち物の片付け方に関しては、最大限、2種類の片付け方を取り入れると良いでしょう。

頻繁に使うモノを戸棚や引き出しの手前のほうに、そして残りを奥、高い場所、またはすぐに手の届かないところに仕舞います。

必要になる収納グッズは引き出しと収納ボックス（シューケース、ビスケットの缶等）だけです。

日用品、例えば裁縫道具、アイロン、掃除道具、花瓶、日曜大工用品、電球の予備等を入れるには戸棚が一つあれば十分です。そこにすべてまとめておけば、必要になった時に必要なモノを簡単に取り出せます。

本棚に関しても、所有している本の冊数が12冊ほどであれば、壁に設えた棚に並べるだけです。もし食器の数も皿が6枚、コップが6個、小鉢が6個と少なければ、キッチンの戸棚に収まりますので、食器棚も必要なくなります（大叔母の家には造り付けの棚がありませんでした。そのため食器棚にしまっていたのです）。

私がお伝えしたいのは、モノが少なければ収納グッズさえも要らなくなるということ。

私たちの持ち物を「効率良く」仕舞うために、今まで私たちはどれだけお金を無駄にしてきたことでしょう。片付けのための収納グッズの用途は、すべて私たちが溜め込んだモノを入れるためだったのです。今後これらは必要なくなります。

モノが少なければ、掃除も簡単、快適、さっと終わります

整然と片付けられ、ピカピカに磨かれた室内に佇んでいると思考は明晰になってきます。こころは軽くなり、エネルギーが再生されます。地平線が晴れて澄み渡ってきます。日常生活の枠組みを取り戻し、それをひっくり返して一つ一つの持ち物の存在について問うてみるのです。元あった場所に戻す、またはもっとそのモノのパワーが発揮できる場所を探す前に、それにはたきをかけて輝きを与えてあげるのです。この世でのそのモノの位置づけを明確にし、光を当ててあげるのです。

フランスのジャーナリスト、エッセイスト　モナ・ショレ『シェ・ソワ（自分の家で）』（未訳）

出しっぱなしになっているモノは何もない、それこそ「床の上でも食事ができる」くらい完璧にきちんと片付いた家に保つことは、とどのつまり拘束される生活でしかあり

ません。このように整理整頓された清潔な住まいを維持するためには何時間もの掃除、片付け、時には偏執狂を思わせるほどの作業が強いられているはずです。

シンプルに生きるためには、その丁度中間を見つけることです。

確かに床の上に何も置かれていないと部屋が広く感じられることに私たちは驚きます。例えばシェーカーズの信奉者たちにとっては、「床に何も置かない」というのは鉄則になっています。箒《ほうき》も衣服も椅子までもが壁に設置された大きな洋服掛けにぶら下げられるのです。

あなたのお宅でもこのシステムは大変便利なものとなるでしょう。ギターやハンドバッグ、自転車などをちょっとぶら下げてみてください。

人生の捉え方が変わる

モノを減らすと不安とストレスが減り、健康になります

恐らく私は傍から見ると、非妥協的で場をしらけさせる人に見られるでしょう。でも実際は全然違うのです。何故私がここまでこだわるのかと言えば、本当は何もしないでダラダラすることが大好きだからなのです。目下やらなければならないことが山積していなければ、のんびり編み物をしたり、テレビを見たりして時間を過ごすほうがずっと易しいことなのですから。

フランスのジャーナリスト、エッセイスト　モナ・ショレ『シェ・ソワ（自分の家で）』（未訳）

持ち物が少なければ、その分悩みも減り、すると睡眠もより上質なものになってきます。持ち物が少ないと、不思議と病気になることへの恐怖心も消えていきます。より身

軽に、よりストレスが少なくなる気がするのです。自然とバランスのとれた生活リズムを望むようになり、早寝早起きができるようになってきます。

食べたいだけ食べる習慣に嫌悪感を抱くようになると同時に、今の消費社会の行きすぎた行為にも、とりわけ健康に関して、「これをしなさい。そうしないと大変ですよ！」と脅かすマスメディアに対しても嫌気がさしてくるでしょう。

そして長い年月をかけて収集した無駄なモノが、私たちの生活空間にのさばり、私たちのエネルギーと常識を奪いつつ、前に進もうとするのを妨げていたことに気が付くのです。私たちの疲労や不機嫌の原因も分かるようになるのです。

物質的なモノの処分は、生活上のありとあらゆる活動を減らしていくことにも通じています。それは例えば気が乗らないのに、仕事の同僚と一杯飲みに行くことかもしれません。または時間ばかり食う文化活動を子供に無理強いすることや、周りが皆やっているからという理由で休暇中に家族を必ずスキーまたは海水浴に連れていく、というものかもしれません。

要するに、持ち物を処分していくに従って、私たちがモノだけでなく、様々な制約に拘束されて生きていることに気が付くのです。

より穏やかでより深いエネルギー

簡素の精神はわれわれが受け継ぐ財産ではなく、勤勉な征服の結果なのです。

フランスの宗教家、教育者　シャルル・ヴァグネル『簡素な生活』大塚幸男訳　講談社学術文庫

このように、自分の内面に何もない、空いたスペースを作ってみると、せわしなさは停滞し、しまいには消滅していきます。すると、私たちに蓄積されていた信じられないほどの疲労が無数の欠片《かけら》になって砕け散り、消えていきます。自分に要求される様々な事柄も（もちろん仕事はしないといけませんが）、電話連絡や尽きることのないメール、面倒なパーティへの招待等、日常生活を拘束していたものともおさらばです。これからは社会生活から私生活に至るまで、自分の活動は自ら注意深く念入りに選び、自分にとって大切なものだけにしていくのです。

あることをとことん満足のいくまでやれなかった、もっともっと所有したかった、見栄も張りたかった、といったやり切れなさ、それによる後悔の念で明け方目を覚ますこともなくなります。たとえ私たちの存在がこの世でささいなものであっても、こころは

安らかなのです。

私は、不幸とは、社会的な束縛を含めた私たちの所有物（フランス語では「友人を持つ」〈On a des amis〉といいます）の重みによって引き起こされるのではないかと思うのです。

気持ちがモノから離れていくと、欲求、妬《ねた》み、怒りといった感情も徐々に霞んでいきます。金銭さえも、生活に必須なお金を除き、お金に関連するものすべてに関心が薄れていきます。その代わりに「良識」というものが、より深い真の簡素さを伴って、自分の中に再び芽生えてくるのです。

時間が正しく流れます

美術館や画廊に行くことができるわ、ロンドンの歴史について調べることもできるわ、と彼女は思った。今日ではありとあらゆる講義があり、当然ながら彼女は所有していたすべてのモノが奪われる前にそれらを受講できたはずであった。ただ、彼女は直感的に、まさに彼女の所有物が今までそれをすることを妨げていたことに気が付いていた。

イギリスの劇作家、小説家　アラン・ベネット『ランサム夫妻を裸にする』（未訳）

蓄積された物質的なモノが時間泥棒であることを私たちは忘れがちです。私たちは持ち物が少なければ必要なモノをすぐに見つけられます。家は、子供も含めて、誰にとっても、モノの在り処の分かり易い場所となります。もはや鍵を見つけるためにあちこちひっくり返す必要はなくなります。

持ち物を処分するために使っている時間についても、パソコンに取り込んだ写真や不要なメールを削除するのに、私たちはどれだけの時間を費やしていることでしょう。レジ袋や梱包材、発泡スチロール容器を捨てるにも、規格に適合したゴミ袋に入れて捨てなくてはなりませんし、レジ袋を小さく畳むこともしないとなりません。

必要最低限のモノでの生活は、異なった時間の捉え方、広義には違う人生の捉え方をもたらしてくれます。一日がより長く、より安らかになります。将来や、死に対する不安や恐れも薄らぎます。自分の持ち物に別れを告げ手放すことは、いずれ自分の人生とも同様に別れを告げなくてはならないことに、ある意味、慣れること。そうなると死も受け入れやすくなってくるのです。最終的な手続きは些末《さまつ》な事柄の問題でしかなくなるのです。

私たちは、若い時から、誰にでも死ぬ日が訪れることについてこころの準備をしておくべきです。

持ち物が少なければ、優雅な、真の怠惰を味わえます

この状態は仕事や制約から一線を引くことを可能にしてくれるものです。「何もしない」を習得することは一つの技。この技を極めた数少ない西洋の作家の一人はヘルマン・ヘッセです。

彼にとって怠惰は、自分に与えられている時間を、通常は時間の浪費とみなされていることのために費やすことでした。でもこのように無駄に過ごした時間、失われた時間はどれだけ貴重だったことでしょう。それは思考したり、夢や空想の世界に遊んだりする自由を与えてくれるからです。このようにして無償であると同時にお金では買うことのできないささやかな楽しみが生まれるのです。

持ち物が少なければ、使える時間は増えます。従ってありきたりな時間を、意味もなく繰り返している時間を、忘れがたい甘美な小休止の時間に変えることも容易《たやす》くなるのです。

日曜日の午後に何もせずにベッドに横になり、思考を巡らせてみる。あるいは嬉々として、またはのんびりと散歩に出掛けてみる。どこにたどり着くかも分からない小道や脇道を選んでみる等、最高に素敵な時間の過ごし方ではないでしょうか？

友情、人間関係にも変化が表れます

ここでは、小さなことからこつこつ学ぼうとしないかぎり、時間の浪費になることは目に見えている。

スイスの写真家、作家　ニコラ・ブーヴィエ『日本の原像を求めて』高橋啓訳　草思社

物質的な思い煩いから解放された生活を送っていると、逆に「世俗」的な付き合いが重く感じられるようになります。

自分の人生を、自分に何ももたらしてくれない人たちによって台なしにしたくないという思いが湧き出てくるのをはっきりと実感するようになるのです。一度か二度しか会ったことがないのに友人面をする人たち、話が止まらない人、身振り手振りが大袈裟な人も次第に耐えられなくなってくるでしょう。

たとえ友人であっても、本当の意味で気の合わない人は次第に遠のいていきます。お酒の付き合い、滝のように大量に送られてくるメール、不毛なおしゃべり等も同じです。自分の内面で驚くべき変化が起こるのです。これらのことが必要なくなってくるのです。

今まで当り前で普通なことと思っていたこのような付き合いがこころに響かず、興味が湧かなくなってくるのです。

日常が非日常になる時

幸せでいる秘訣は、何かに夢中になっていること。

イギリスの俳優　ヒュー・グラント　フランスの雑誌「マリ・クレール」のインタビューから

昨日、ある人が日本刀愛好家の話をしていました。彼は、なんと楽しみのために日本刀は1本しか持っていないというのです。彼は所有しなくてもモノを愛好できるようになったとのこと。それでも他の収集家よりも日本刀についての知識はあり、他に負けないくらい日本刀への愛着は深いのです。鑑賞はするものの、そこで所有したい欲求からは解放されて我が道を行く。モノを所有することなく愛せるとはなんと幸せなことでしょう。

日常は、一見平凡に映りますが、わくわくするような思い掛けない驚きの連続なのです。物質的なモノとの距離を取れるようになったのであれば、これからは「日常から非日常を作り出す」ことが真の生き方となるでしょう。この幸せの特性（この概念には喜び、楽しみ、嬉しい驚きを含みます）と価値は、それが儚く、脆《もろ》く、主観的そして多くの場合個人的であることです。

幸福という概念も、今日では形式的な既成概念か義務付けされたルーチン、もしかすると執拗《しつよう》な錯覚に過ぎないものかもしれません。でも、幸福は、自分の存在自体が空っぽに感じられる時でさえも、私たちが常に自力で、あらゆる場所に探し求めていかねばならないものなのです。

賢く生きるのも自分次第。私たちの存在が常に好奇心に満たされ、単調なマンネリズムに陥らないようにするのも自分次第なのです。

執着から解き放たれたこころ

物質的なモノを処分することがあなたを内面から変えます

京都大徳寺の禅宗式庭園は言葉では言い尽くせない美しさを見せています。その寺の中の小さな池の傍に、「池に強く投石すればするほど、その波紋の広がりは増すものだ」という内容の禅の言葉が記されていました。それは石（所有物、広義では私たちのエゴ）を力強く投げ捨てれば捨てるほど、できる波紋は大きいものとなる、ということを私たちに教示しているのだと思いました。

それは自分の持ち物のほとんどを手放すことで、別の人間に生まれ変わるというものです。

ここであなたは自分が今まで抱いてきた考え方が、実はあなたの親または親しい友人の考え方であったことに気付くかもしれません。今後は、より次元の高いパワーを自分自身から引き出すことになるでしょう。

余計なモノを排除した生き方を選択することは簡単なことではありません。最初は大きな犠牲を払わなくてはならないでしょう。厳格さ、自分を超える強さも必要になるでしょう。でも自分の持てる力を超越することで初めて人間の魂が持つ潜在的なパワーを完全に出し切ることができるのです。あなたは、ある朝、新たなエネルギーと爽やかな気分に満たされて目覚めるかもしれません。

持ち物を最小限にし、たわいないものに目を瞑《つむ》り、社会的な付き合いも厳選し、自分らしい装い方に徹する……ここにたどり着くまでには、エゴ（自我）の犠牲、その小さな死を余儀なくされることになります。

このエゴは、私たちを愛すべき人、賞賛に値する人に仕立て上げ、他人の目に魅力的に見えるようにし、上辺《うわべ》だけの関心事を私たちに仕向けます。でも、その反面、私たちの安らぎを犠牲にし、結局は肝心なことからは私たちを遠ざけています。このようにしてエゴは、私たちを破壊することを目論《もくろ》んでいるのです。

そこで成功や美、富、人気に対するやっかみ、何でもやりたい、知りたい、欲しいといった欲求など、私たちの多くが抱える問題がこのエゴイズム、自己中心主義から来ていることを、そしてそれが、私たちの最大の敵であることを実感するのです。

「選択する」という重責から解放されます

選択できることはもちろん素晴らしいことです。選択することがなければ私たちは願っていることも自由に叶えられないでしょう。でも、今日の社会は、選択肢があまりにもたくさんあるため、私たちの生活は混乱を極めています。どのブランドの練り歯磨きにする？　どの映画を観たらいい？　どの料理を作ったらいい？　パートナーは誰を選んだらいい？　という具合に。でもこころの内面をシンプルにすると、このような心配事を排除した強いメンタルを持てるようになります。そうして私たちが得られるのが、簡素化された考え方、意見、好みです。

様々な題材について同じ数だけ意見を述べるのは実に疲れます。それならば、いっそのことこれらの意見を一旦《いったん》忘れて、この意見をひねり出している内なるマシーンの働きを止めてみてはいかがでしょう？

自分の持ち物、物質的なモノのみならず、人間関係や精神面においての現状を明確にすることは、今後私たちがどのように生きていきたいのか？　という長い問いかけのプロセスの始まりに過ぎません。

このプロセスを踏むことこそが私たちをもっとも豊かにするもの、そして私たちを禅宗が教示している有名な「解脱の道」に導くものなのです。

「放棄する」秘訣

あなたを常々変えようと試みる世の中で自己を保ち続けることはもっとも大きな偉業である。

ラルフ・ワルド・エマーソン

私たちには絶対にすべての物事をやり尽くすことも、すべての知識を知り尽くすこともできませんし、必ず多くの物事を見過ごしています。でも「放棄」することで私たちはこれらのことを受け入れ易くなります。

現在のテクノロジーは、面白いことや良い機会を逃してはいないか、情報を網羅できていないのではないかといったフラストレーションを私たちに与えますが、所詮すべてを網羅することなどできないのです。

この事実を受け止め、受け入れるのが「知恵」というもの。インターネットは私たちの生活にいくつかの喜ばしい革命的な変化をもたらしてくれました。でもこの革命が、私たちが自分の人生を生きることを忘れさせるものであってはならないのです。

このことを理解できたのなら、メールやSNSの連絡先を一つずつ消去して、仮想（バーチャル）の中で過ごす時間を減らしてみませんか。

このようにすることで初めて私たちが切り捨てて断念したものよりも多くを勝ち得ることができ、私たちの飽くなき欲求、慢性的な不満足感、私たちを疲弊させる思考の堂々巡り、他人に対する羨望などからようやく解放されるのです。

そこで私たちを不快にさせていたものが、欲しいモノが不足していることからきているのではなく、それを得ようとする欲求からきていたものであったことを理解するのです。

おしまいに

私は僧侶の一人に彼の人生を一言で語ってくださいと訊いた。しばらく沈黙した後、彼は切り出した。

――あなたは恋愛をしたことはありますか？

――もちろん。

するとと喜劇俳優フェルナンデル流のこぼれるような笑顔で顔をほころばせて彼は言った。

――だったら、それと全く同じですよ、と。

イギリスの作家　パトリック・リー・ファーマー
『A Time to Keep Silence（沈黙するための時間）』（未訳）

世界規模と言ってもいいほどの真のミニマリズム運動はまだ始まったばかりです。この運動には大いに関心を持つべきです。なぜならばこれは歴史的な転機を私たちの生活やメンタリティーに反映させるものだからです。

どの時代でも、賢者と呼ばれていた人たちが物質的にシンプルな生活を送っていたのは、精神を余計な物事に占領されずに、本質的なものに全力を注ぐためでした。「本当に欲しいモノは何？」という質問に対する彼らの答えは「幸福」。そしてそれは自ら手に入れる物質的なモノからは得られず、存在に根差した満足感からのみ得られるという正しい理解からくる「幸福」なのです。

モノを処分することは、モノを片付ける練習の上を行く行為です。それは本当の意味での「幸福」について考察する練習、すなわち内省と浄化のプロセスでもあるのです。一昔前の人たちの「良識」からインスピレーションを得るのも良いと思います。彼らは、今日、朝から晩まで携帯電話に繋がれっぱなしの私たちのように、まだ物質に支配されていませんでした。哲学的、また人間的観点からも、日常の小さな楽しみを味わいながら生きていた人たちです。誠実さ、実直さ、自然体に根差した道徳に忠実だった世代でした。

現代に生きる人たちは、お金、権力、見栄えが公認されたバックグラウンドの中、どう基準を定めたら良いのかが分からずに、どんどん不幸になっています。

モノを処分していく過程で、恐らくあなたは「これでいいの？」と自問することもあることでしょう。自分の立ち位置が見出せず、「友達」を葬っていくような嫌な気分に支配されることもあるでしょう。もしかしたらこれはやりすぎ？　と思い、これ以上消費社会の誘惑にも抵抗できない、と思うかもしれません。

でも一度芽生えた意識の芽が引っ込むことはありません。あなたを貶めようとする消費社会の罠《わな》を本当に理解できたことでホッと一息ついた感覚、これを忘れることはできないでしょう。

現代社会を批判する必要はあるでしょうか？　後戻りはもうできないのです。ただし、広義において、消費の仕方を変えてみることはできます。不安定さや不安の源となっているいる飽和状態のこの世の中、「必要なこと」が必要以上に刺激されているこの世の中においても、シンプルな生活の道を選ぶことは私たち各々が、自分の運命とその生活環境を自ら管理することを意味します。

今の時代、金持ちになるチャンスはどんどん減ってきています。より小さな住まいでシンプルに暮らす生き方が必要とされています。

このように感じさせる社会の変化は、私たちが本当に必要とするモノは何か？　私たちは時間をどのように使いたいと願っているのか？　何が本当に重要なことなのか？という問い掛けの再検討を促すものです。

私たちは今の社会を、集団としてではなく、一個人として捉えようとしています。

モノの欠乏が個人の生活を困難にしている国もあることはありますが、私たちはまだそこまでモノ不足を心配するには至っていません。しかしながら、バランスの取れた生活、持っていて心地よい必要なモノだけを持ち、過剰評価されるエゴ、競争、マーケティングが支配し重くのしかかる不公平な世の中に、静かに抵抗する生活に戻すことはできるのです。

金銭の牢獄に繋がれて生きることも、少ないモノで満足しつつ自由に生きることも、どちらの生き方も私たちは選択できるのです。

シンプルに生きることは自ら選択する生き方であり、成長し、成熟していく生き方です。誰もがいつの間にか知らずに始めていた、というものではありません。この生き方を選んだ人は、日々そこにエネルギーを注入し、意思を新たにしていきます。なぜならその生き方を止めてしまう誘惑、消費に走ったり、モノを増やしたりする誘惑は常にあるのですから。

ただ、シンプルに生きることは「小さく生きる」という意味ではありません。自分の人生に自らを合わせること、そこに正しい響きを見出すことなのです。在り方をシンプルにすること、自尊心や驕《おご》りの情熱による複雑な問題を避けることなのです。

最後に、シンプリシティとは謙虚さと奥ゆかしさに見られる美の形。様々な欲望を簡素化したもの。本質に導く知恵と規律の道、言うならば、内面を空にすることによりこころからの自由と幸福を得る、ということだと思います。

装幀　石間 淳
カバー写真　James Hughes/amanaimages
ＤＴＰ　美創

〈著者紹介〉
ドミニック・ローホー
フランス生まれのフランス育ち。パリ大学、ソルボンヌにおいてアメリカ文学の修士号を取得。イギリスのソールズベリーグラマースクールにおいて1年間フランス語教師として勤務した後、アメリカのミズーリ州立大学、日本の佛教大学でも教鞭を執る。ニューヨークでは〝イメージコンサルティング〟法を学び、幾つものセミナーに参加しながら集中的にヨーガを習得。日本在住歴は30年以上。その間、飛騨雅子と萩原朝美に師事し、10年にわたり〝墨絵〟を学ぶ。さらに名古屋にある愛知尼僧堂と呼ばれる禅寺に6週間籠り、曹洞禅をも学ぶ。アメリカ合衆国、カナダ、南米、アジア（中国、台湾、香港、韓国、タイ、ベトナム……これは中国茶の知識を深めるため）、ヨーロッパと広く旅し、特定の宗教団体や、哲学または文化的なグループには属せずに、自分自身の内面に在る様々な観点に基づく意見を尊重し、それを受容することを信条としている。彼女がもっとも大切にしている価値観は自由、美、そして調和である。著書はフランス国内をはじめ、ヨーロッパ各国でベストセラーとなり、『シンプルに生きる』は日本でも話題となっている。他に『シンプルを極める』『部屋とこころのシンプルな掃除』や画家サンドラ・カベズエロ・ベルトッジとの共作である、イラスト版「シンプルに生きる」シリーズなどがある。

〈訳者紹介〉
原　秋子
フリーランスのフランス語通訳翻訳家。東京生まれ。父親の仕事の関係で小中学校時代をフランスで過ごす。留学先のグルノーブル大学にてフランス語教師資格を取得。帰国後、神戸ステラマリスインターナショナルスクールにてフランス語を教える。昭和61年、通訳案内業国家資格取得後、数多くの通訳翻訳の仕事を手掛ける。

捨てる贅沢
モノを減らすと、心はもっと豊かになる

2019年11月25日　第1刷発行

著　者　ドミニック・ローホー
訳　者　原 秋子
発行人　見城 徹
編集人　福島広司

発行所　株式会社 幻冬舎
〒151-0051　東京都渋谷区千駄ヶ谷4-9-7
電話　03(5411)6211(編集)
03(5411)6222(営業)
振替　00120-8-767643
印刷・製本所　凸版印刷株式会社

検印廃止

Printed in Japan
ISBN978-4-344-03542-3　C0095
幻冬舎ホームページアドレス　https://www.gentosha.co.jp/

この本に関するご意見・ご感想をメールでお寄せいただく場合は、
comment@gentosha.co.jpまで。

GENTOSHA